일러두기

책에 실린 완성품 크기는 만드는 사람에 따라 1cm정도 오차가
생길수도 있습니다.

포코의 포근한 인형수업

초판 1쇄 발행　2018년 10월 30일
초판 2쇄 발행　2020년 10월 20일

지은이	강보송
사진	강보송
디자인	조인숙
교정교열	박마리아
영업	김성수
인쇄	사이삼프린팅

펴낸곳	일삼공
등록번호	제313 _ 2010 _ 134호
주소	경기도 고양시 일산동구 일산로463번길 41-11
전화	031 912 0130
팩스	0505 115 8130
이메일	mrk9805@naver.com
홈페이지	post.naver.com/ins4

ISBN	979 11 87096 06 1 13630
판매가	17,300원

이 책은 저작권자와의 계약에 따라 일삼공 출판사가 출판하였습니다.
이 책은 저작권법에 따라 보호받는 저작물이므로 무단 전재와 무단 복제를 금지하며,
이 책 내용의 전부 또는 일부를 이용하려면 저작권자와 일삼공 출판사의 동의를 받아야 합니다.
파본이나 잘못된 책은 구입처에서 교환해드립니다

이 도서의 국립중앙도서관 출판예정도서목록(CIP)은 서지정보유통지원시스템
(www.seoji.nl.go.kr)과 국가자료공동목록시스템(www.nl.go.kr/kolisnet)에서
이용하실 수 있습니다.

포코의
포근한 인형 수업

버튼티

my story

쉽게 만들어지고 쉽게 버려지는 것들이 넘쳐나는 요즘, 오랜 기간 정성들여 만들어진 물건은 더욱 소중하고 가치있게 느껴집니다. 누군가가 손수 만들어준 옷이나 소품에 대한 그리운 기억들이 하나씩은 있는 것처럼 뜨개는 단지 실을 바늘로 엮는 과정 그 이상의 의미있는 활동이라 생각합니다.

저는 금속공예를 전공하고 액세서리 디자이너로 일하던 중 우연히 크로셰를 접하면서 금속과 정반대의 성질을 가진 실이라는 소재에 큰 매력을 느꼈습니다.
선이 바늘을 거쳐 면이 되고 입체가 되는 과정이 너무 좋아서 경복궁 옆 누하동 한편에 포코그란데 라는 이름의 니팅공방을 오픈했고 7년 동안 운영했습니다.
실로 표현할 수 있는 컬러감과 포근한 촉감, 대단한 장비 없이 어디서든 슥~ 꺼내어 만들 수 있는 편리함, 생활용품과 장식용품을 넘나드는 유연함, 틀려도 언제나 되돌릴 수 있는 관대함, 요행 없는 정직함이 좋습니다. 같은 도안과 실로 만들어도 개인의 성향이나 개성이 그대로 묻어나 각기 다른 작품이 탄생하는 그 묘미는 이루 말할 수 없습니다.
손뜨개는 생각보다 쉽고 재미있으며 선으로 그리는 그림 혹은 선으로 구현하는 구조물에 가깝다고 생각합니다. 그동안 감사하게도 제 작업을 많은 분들이 좋아해주셨고 수업을 진행하며 얻은 소중한 인연과 기억들이 많습니다. 덕분에 용기를 얻어 손뜨개가 더 널리 즐겨졌으면 하는 바람으로 이 책을 내게 되었습니다. 그동안 이런저런 형태를 수없이 만들어보며 스스로 연구하고 공부하며 얻은 제 방식대로의 뜨개를 초보자도 따라하기 쉽게 설명 해놓았습니다.

'실수할까 혹은 모양이 완벽하지 않을까' 걱정은 내려놓으세요. 자유롭고 편하게 자신의 내면에 몰입해서 한 코 한 코 만들어가는 성취감을 느껴보셨으면 합니다. 더불어 제 작업을 늘 응원해주시고 포코그란데를 찾아주시는 분들과 이 책을 준비하는 시간 동안 도움을 주신 주변 분들께 고마움을 전합니다.

포코그란데 강보송 드림

my inspiration

라트비아의 수도 리가 시내

암스테르담의 Eye Filmmuseum 부근에 있는 크로셰 장식품

다이칸야마에 있는 어느 가게 데코레이션

치앙마이의 반캉왓에 있는 크래프트숍

네덜란드의 주말 벼룩시장

작업에 반영되는 소재들은 개인적인 생각이나 느낌 혹은 일상에서 제가 흥미를 느끼는 것들이 대부분입니다. 일과 중 제일 좋아하는 시간이 오전 수업 전에 공방 뒷산을 오르내릴 때인데 철에 따라 정직하게 바뀌는 다양한 식물의 색깔과 형태, 갓 새끼를 튼 새둥지, 나무 위의 다람쥐, 산에서 생활하는 길고양이들 등을 만나다보면 이런저런 재미있는 생각들이 스치곤 합니다. 평소 영화보기와 동화책 수집을 좋아해서 그들에게 무한한 상상력을 제공받기도 하고, 꾸준히 디자인이나 공예가 발달된 곳으로 여행을 가서 그 지역의 니팅숍이나 크래프트 관련 가게에 들러 색다른 스타일과 재료에 대한 공부를 합니다. 자극을 받는 것도 중요하지만 제가 가장 중요하게 여기는 영감이란 작업이 잘 되든 안 되든 성실하게 매일 일정 시간을 할애하는 노력입니다. 그리고 늘 스스로에게 틀에 갇히지 말자고 조언합니다. 이건 이렇게 해야하고 저건 저렇게 떠야 맞고, 그런 제약이나 공식 없이 그림 그리듯 다양한 느낌의 실로 자유롭게 형태를 만들어 나가며 뜨개를 오래오래 즐기고 싶습니다. 여러분들도 이 책을 통해 조금씩 뜨개와 친숙해져서 어느샌가 스스로 무언가를 즐겁게 표현해낼 수 있기를 바랍니다. :)

Contents

my story ·· 004

my inspiration ······································· 006

포근한 뜨개 수업, 준비하는 시간

레슨준비 ··· 016

질문 있어요 ··· 019

기초 레슨 ·· 021

응용 레슨 ·· 031

포근한 뜨개 수업, 차근차근 따라하기

실전 레슨, 지구볼 만들기 ····················· 040

실전 레슨, 고양이 만들기 ····················· 046

실전 레슨, 강아지 만들기 ····················· 054

step 01
작고 사랑스러운 소품들

도형 티매트   064

채소 삼총사   066

나의 작은 우주모빌   068

파인애플 & 플라밍고 키링   070

step 02
알록달록 피커부 뜨개장갑

리틀 버니   076

슈퍼 팬더   078

넌 고릴라   080

릴라릴라   082

C Knitting Lesson

step 03
베란다 고양이와 오랜 친구들

줄무늬 보리   086

코리언 숏 헤어 뽀꼬   087

하얀 미루꾸   088

까만 비토 꼴리오네   090

턱시도 여주   092

40년 산 테디베어   094

40년 산 버니   096

step 04
저수지의 강아지들

테리어 승후 · 102	웰시코기 윌슨 · 104
닥스훈트 머랭이 · 106	
진돗개 나무 · 108	푸들 미니 · 110

Design & How to make

기호도 보는 법 ·········· 114

도안 보는 법 ·········· 115

도안 ·········· 116

1 대바늘(한쪽 막힘 바늘)

가장 기본이 되는 도구다. 용도에 따라 길이, 소재, 굵기가 다양하다. 한쪽이 막힌 모양은 평뜨기에서 왕복으로 뜰 때 사용한다. 대바늘의 굵기는 바늘의 지름으로 결정된다. 0호(2.1mm)가 가장 가늘고 호수가 커질수록 굵어진다. 초보에게는 나무 바늘을 추천한다. 금속 바늘은 가볍고 끝이 날렵한 장점이 있지만 미끄러워서 코를 놓치기 쉽기 때문이다. 두 개가 세트이다.

2 장갑용 대바늘(양면바늘)

양끝이 뾰족하다. 양쪽으로 뜰 수 있으며 원형으로 뜰 때 사용한다. 다양한 길이를 구비해두면 편하다. 다섯 개가 세트이다.

3 코바늘

끝이 갈고리 모양으로 된 바늘이며 길이, 소재, 굵기가 아주 다양하다. 사용하는 실이 굵어질수록 바늘 굵기도 커진다. 모사용 바늘과 레이스용 바늘로 나뉜다.

4 돗바늘

편물을 꿰맬 때나 마무리할 때 쓰인다. 바느질에 쓰이는 일반 바늘보다 굵고 바늘귀도 세로로 크다. 털실 굵기에 따라 바늘 굵기를 선택한다.

5 어깨핀

안전핀이라고 불리기도 한다. 다른 부분을 뜰 때 코가 풀리는 것을 방지하기 위한 핀으로, 쉼코를 보관할 때 편리하다.

6 가위

실을 끊을 때 사용한다. 작고 잘 드는 가위를 고르는 것이 좋다.

레슨준비
뜨개 도구

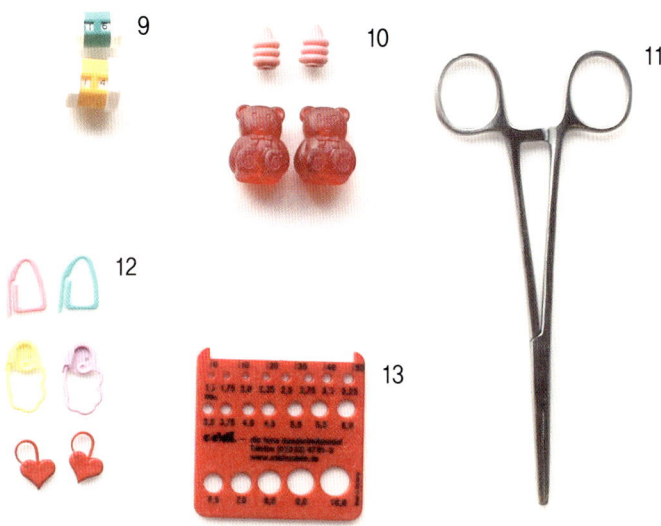

7 줄자
치수를 재기 위해 필요하다.

8 핀
솔기를 붙일 때 고정하기 위해 필요하다. 특히 인형 작업에는 바느질이 많으므로 끝이 뾰족한 핀, 뭉툭한 핀 등으로 다양하게 구비해두면 유용하다.

9 단수카운터
단수를 기록하며 뜰 수 있는 도구이다. 카운터를 사용하면 몇 단을 떴는지 계속 체크 하면서 뜨지 않아도 된다.

10 바늘 마개
대바늘 끝에 끼워서 코가 빠지지 않도록 할 때 쓴다. 이동할 때나 뜨다 만 작업물을 보관할 때 편리하다.

11 겸자
솜을 넣을 때 쓴다. 좁거나 깊은 부분에 솜을 채울 때 유용하다.

12 단코표시링
단이나 코를 표시할 때 쓴다. 닫을 수 있는 옷핀 형태와 링 형태가 있다.

13 게이지 자
가로 x 세로 10cm 크기로 편물 위에 올려 콧수와 단수를 셀 수 있다.

1 뜨개실

실의 종류는 무궁무진하다. 어떤 소재와 컬러의 실을 쓰느냐에 따라 결과물의 무드가 180도 달라진다. 실을 고를 때는 상표마다 한 타래의 양이 다르기 때문에 택에 적혀있는 무게와 길이를 잘 따져보아야 한다. 독창적인 작업을 하고 싶다면 다양한 소재와 컬러의 실을 실험적으로 써보는 것을 추천한다. 다만 실제로 착용하는, 즉 피부에 자주 닿는 아이템을 만들 때는 되도록 좋은 소재의 실을 선택하는 것이 좋다.

2 바네

파우치의 입구를 편하게 열고 닫게 만드는 부자재이다. 사이즈가 매우 다양하므로 용도에 맞게 고를 수 있다.

3 인형 눈

인형의 디자인에 따라 자수보다 단추로 눈이나 코를 표현하는 것이 어울릴 때가 있으므로 몇 세트 가지고 있으면 좋다.

4 퀼팅실

지퍼를 달거나 고양이의 수염 표현 등에 쓰이는 바느질용 실이다. 일반 재봉실보다 튼튼하다.

5 솜

인형 속을 채울 때 쓰인다.

6 사수실

인형의 눈, 코, 입 표현에 많이 쓰는 실이다. 이 책에서는 주로 울 100%의 자수실을 사용했다. 기호에 맞게 다양한 색상을 구비해놓으면 편리하다.

🐻 질문 있어요

Q 도안과 같은 바늘, 같은 실로 떴는데 사이즈가 틀리게 나와요.

A 사람마다 실을 당기는 힘이 다 다릅니다. 어떤 사람은 세게 당겨서 뜨고 어떤 사람은 느슨하게 뜨기 때문에 그 힘을 기계처럼 똑같이 조절하는 것은 불가능합니다. 실제 착용하는 아이템을 만드는 경우에는 사이즈가 중요하기 때문에 게이지라는 것을 냅니다. 이를테면 본 작업에 들어가기 전에 10 x 10cm로 견본을 만듭니다. 10cm 안에 들어가는 단수와 콧수를 측정하여 1cm 몫으로 환산한 다음, 샘플의 사이즈를 토대로 콧수와 단수를 계산하는 작업을 말합니다. 하지만 인형이나 장식품을 뜨는 경우에는 게이지로부터 자유롭게 각자의 사이즈대로 만들어보시기를 권합니다.

Q 손뜨개 작품은 어떻게 세탁하나요?

A 편물이 물 온도나 세제에 반응하여 줄어들 수 있기 때문에 세탁물의 온도는 10~30도가 적당합니다. 중성세제를 사용하여 손으로 조심스럽게 세탁하고 비틀어 짜지 않도록 합니다. 마른 수건으로 감싸서 물기를 빼낸 후 통풍이 잘되는 그늘에서 건조시켜줍니다.

Q 작품을 책에 기재된 사이즈보다 더 크게 혹은 작게 뜨고 싶어요.

A 똑같은 도안으로 만들더라도 샘플에 쓰인 것보다 더 굵은 실과 바늘로 뜨면 콧수와 단수 변동 없이도 실제로 사이즈가 더 커집니다. 예를 들어 4mm 바늘로 뜬 샘플을 8mm 바늘로 뜨면 약 2배 가량 커지게 됩니다. 반대로 더 얇은 실과 바늘로 뜨면 사이즈가 작아집니다. 따라서 다양한 굵기의 실과 바늘로 내가 원하는 사이즈의 결과물을 만들어 낼 수 있습니다.

Q 고무뜨기를 하고 있는데 겉뜨기 다음 안뜨기를 할때 자꾸만 콧수가 늘어나요.

A 겉뜨기를 할때는 뜨는 실을 오른쪽 바늘의 뒤에 둡니다. 반대로 안뜨기를 할 때는 뜨는 실을 오른쪽 바늘의 앞에 둡니다. 실의 위치가 반대로 되어있거나 틀리면 그 실이 꼬이면서 콧수가 많아지는 현상이 일어납니다.

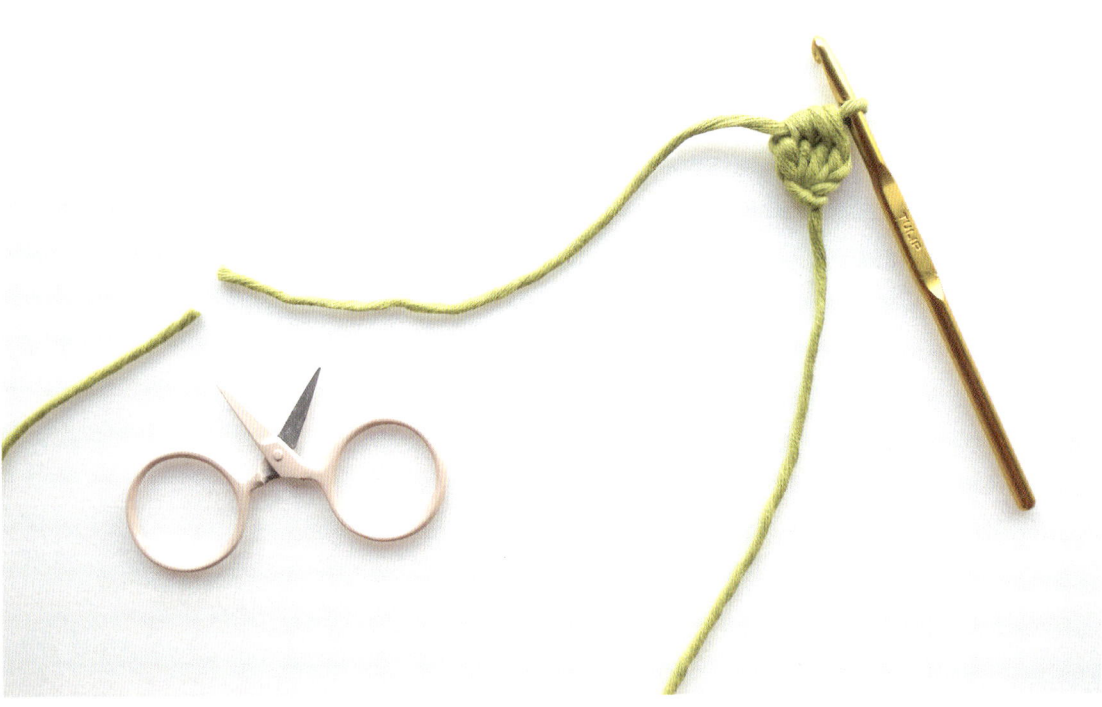

기본뜨기

1 가터뜨기

겉뜨기와 안뜨기를 1단씩 교차해서 뜬 편물이다. 평뜨기의 경우 모든 단에서 겉뜨기로 뜨고, 원형뜨기의 경우 겉뜨기와 안뜨기를 1단씩 번갈아가며 뜬다. 겉감면과 안감면의 모습이 같고 가장자리가 말리지 않는다.

2 메리야스뜨기

겉감면은 겉뜨기로, 안감면은 안뜨기로 되어있는 편물이다. 평뜨기의 경우 겉뜨기와 안뜨기를 1단씩 번갈아가며 뜨고, 원형뜨기의 경우 모두 겉뜨기로 뜬다. 대바늘 뜨기의 가장 기본이 되는 기법이다.

3 1코 고무뜨기

겉뜨기와 안뜨기를 1코씩 교차해서 세로로 뜬 편물이다. 겉감면과 안감면의 모습이 같고 신축성이 좋다.

4 2코 고무뜨기

겉뜨기와 안뜨기를 2코씩 교차해서 세로로 뜬 편물이다. 겉감면과 안감면의 모습이 같고 신축성이 좋다. 1코 고무뜨기보다 겉뜨기 코와 안뜨기 코의 대비가 뚜렷이 보인다.

시작코 만들기

  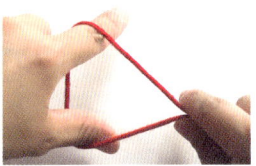 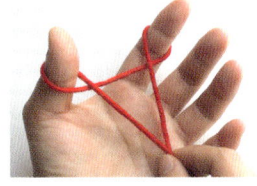

1 뜨는 폭의 약 3배 정도 길이를 남기고 반을 접어서 두 줄을 같이 오른손으로 잡아 고리를 만든다.

2 왼손의 엄지와 검지를 고리 아래로 집어넣어 벌린다.

3 손바닥이 하늘을 보도록 뒤집는다.

4 나머지 세 손가락으로 실을 잡고 바늘을 1번과 2번 실사이로 넣는다.

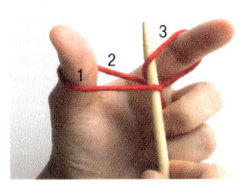 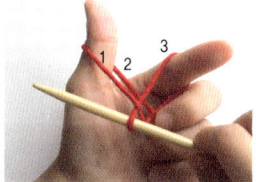  

5 바늘을 3번 실 오른쪽으로 걸친다.

6 1번과 2번 실 사이로 바늘을 끌어내린다.

7 집게손가락을 빼고 실을 당기면 시작코 1코가 만들어진다.

8 같은 동작을 반복해서 시작코를 필요한 만큼 만든다.

겉뜨기

1 실을 뒤로 놓고 오른쪽 바늘을 코 앞부분의 왼쪽에서 오른쪽으로 넣는다.

2 실을 오른쪽 바늘의 뒤에서 앞으로 건다.

3 오른쪽 바늘에 걸린 실을 끌어내어 겉코를 만든다.

4 코를 왼쪽 바늘에서 빼내어 겉뜨기 1코를 뜬 모습.

기초레슨
시작코, 겉뜨기
안뜨기, 코 만들기
Knitting Lesson

안뜨기

1 실을 앞으로 놓고 오른쪽 바늘을 코 앞부분의 오른쪽에서 왼쪽으로 넣는다.

2 실을 오른쪽 바늘의 뒤에서 앞으로 건다.

3 오른쪽 바늘에 걸린 실을 끌어내어 안코를 만든다.

4 왼쪽 바늘에서 코를 빼내어 안뜨기 1코를 뜬 모습. **tip** 안뜨기를 할 때는 거는 실이 항상 바늘 앞에 있어야 한다.

오른코 만들기

1 왼쪽 바늘을 코와 코 사이의 실에 화살표 방향대로 넣는다.

2 왼쪽 바늘로 실을 끌어올린다.

3 오른쪽 바늘을 실 앞부분의 왼쪽에서 오른쪽으로 넣어 겉뜨기 한다.

4 생겨난 코. 오른코 만들기를 하면 코가 오른쪽으로 기운다.

왼코 만들기

1 왼쪽 바늘을 코와 코 사이의 실에 화살표 방향대로 넣는다.

2 왼쪽 바늘로 실을 끌어올린다.

3 오른쪽 바늘을 실 뒷부분의 오른쪽에서 왼쪽으로 넣어 겉뜨기 한다.

4 생겨난 코. 왼코 만들기를 하면 코가 왼쪽으로 기운다.

오른코 줄이기

1 오른쪽 바늘을 코에 겉뜨기 방향으로 넣는다. 코는 뜨지 않은 채 오른쪽 바늘로 그대로 옮긴다.

2 두 번째 코는 겉뜨기한다.

3 왼쪽 바늘을 뜨지 않고 옮긴 코에 넣는다.

4 겉뜨기한 두 번째 코에 덮어씌운 뒤 왼쪽 바늘을 코에서 빼낸다.

왼코 줄이기

1 오른쪽 바늘을 겉뜨기 방향으로 2코(첫 번째와 두 번째 코)에 같이 넣는다.

2 실을 오른쪽 바늘의 뒤에서 앞으로 건다.

3 오른쪽 바늘에 걸린 실을 끌어내어 겉코를 만든다.

4 왼쪽 바늘을 2코(첫 번째와 두 번째 코)에서 빼낸다. 줄여진 모습.

중심 3코 모아뜨기

1 처음 2코(첫 번째와 두 번째 코)에 오른쪽 바늘을 겉뜨기 방향으로 넣어 코는 뜨지 않은 채로 오른쪽 바늘에 그대로 옮긴다.

2 세 번째 코를 겉뜨기한다.

3 왼쪽 바늘을 뜨지 않고 옮긴 2코(첫 번째와 두 번째 코)에 넣는다.

4 겉뜨기한 세 번째 코에 덮어씌운 뒤, 왼쪽 바늘을 2코(첫 번째와 두 번째 코)에서 빼낸다.

기초레슨
코 줄이기
중심 3코 모아뜨기

안뜨기로 왼코 줄이기

1 오른쪽 바늘을 안뜨기 방향으로 2코(첫 번째와 두 번째 코)에 같이 넣는다.

2 실을 오른쪽 바늘의 뒤에서 앞으로 건다.

3 오른쪽 바늘에 걸린 실을 끌어내어 안코를 만든다.

4 왼쪽 바늘을 2코(첫 번째와 두 번째 코)에서 빼낸다.

안뜨기로 오른코 줄이기

1 오른쪽 바늘을 첫 코에 겉뜨기 방향으로 넣은 뒤, 뜨지 않고 그대로 옮긴다.

2 두 번째 코에도 겉뜨기 방향으로 바늘을 넣는다.

3 마찬가지로 뜨지는 않고 그대로 옮긴다.

4 왼쪽 바늘을 2코(첫 번째와 두 번째 코)에 넣는다.

5 왼쪽 바늘에 그대로 다시 옮긴다.

6 오른쪽 바늘을 방금 옮긴 2코의 뒤쪽으로 가져간 후, 왼쪽에서 오른쪽으로 넣는다.

7 실을 오른쪽 바늘의 뒤에서 앞으로 걸어 안뜨기한다.

8 왼쪽 바늘에서 2코(첫 번째와 두 번째 코)를 빼내면 코가 줄어든 것을 확인할 수 있다.

걸러뜨기(겉뜨기 방향)

1 오른쪽 바늘을 코에 겉뜨기 방향으로 넣는다.

2 코를 뜨지 않은 채로 오른쪽 바늘에 그대로 옮긴다.

걸러뜨기(안뜨기 방향)

1 오른쪽 바늘을 코에 안뜨기 방향으로 넣는다.

2 코를 뜨지 않은 채로 오른쪽 바늘에 그대로 옮긴다.

감아코 만들기

1 사진과 같이 왼손으로 실을 잡고 검지를 실 위로 올린다.

2 검지에 실을 감는다. 지문이 왼쪽을 보도록 손가락을 돌려서 고리를 만든다.

3 오른쪽 바늘을 고리 안으로 넣고 실을 단단히 잡아당기면 감아코 1코가 만들어진다.

4 필요한 수만큼 감아코를 만든다.

코줍기

1 균형있게 주워야 구멍이 나지 않으므로 코줍기 할 부분을 체크한 후 주울 위치에 바늘을 넣는다. 상황에 따라 뜨던 바늘을 사용해도 무관하다.

2 실을 바늘의 뒤에서 앞으로 건다.

3 실을 끌어내리듯 빼낸다.

4 같은 방법으로 필요한 수만큼 코를 줍는다.

코막음

1 처음 2코를 겉뜨기한다.

2 왼쪽 바늘을 첫 코에 넣는다.

3 두 번째 코에 덮어씌운 뒤, 왼쪽 바늘을 코에서 빼낸다.

4 다음 코를 겉뜨기한다.

5 2~4번 과정을 반복한다.

6 마지막 코 안으로 실을 넣는다.

7 실 끝을 잡아당기고 실을 마무리 한다.

아이코드 뜨기

1 필요한 만큼 시작코를 만든다.

2 마지막에 만든 코에 걸린 실을 첫코로 끌어와서 순서대로 겉뜨기한다.

3 코들을 바늘 반대쪽으로 밀어서 옮긴다.

4 다시 반대쪽 실을 끌어와서 모든 코를 겉뜨기로 뜬다.

5 코가 원형으로 연결된 상태로 떠진다. 원하는 길이만큼 겉뜨기로 뜬다.

6 반대쪽에서 본 모습.

tip 시작코가 몇 개 안 될 때 원형 뜨기를 쉽게 할 수 있는 방법이다. 장갑바늘 두 개가 필요하다. '고양이 뜨기' 중 꼬리 같은 부분을 아이코드로 뜬다.

실 마무리

(겉감면)

1 꼬리실을 돗바늘에 넣고 가장자리의 코 한 줄을 오른쪽에서 왼쪽으로 꿴다.

2 같은 방법으로 윗코도 오른쪽에서 왼쪽으로 꿴다.

3 같은 방법으로 실을 세로로 꿰어서 코 사이로 실이 말려서 보이지 않도록 한다.

실 마무리

(안감면)

1 꼬리실을 돗바늘에 넣고 가장자리의 코에 넣는다.

2 코의 진행 방향에 따라 몇 코에 걸쳐 왔다갔다한다.

원형뜨기

 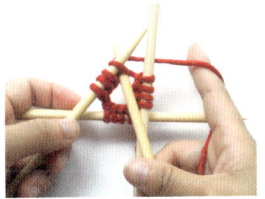  

1 시작코를 바늘 한 개에 필요한 만큼 만들고, 바늘 세 개에 균등하게 나눈다.

2 코가 꼬이거나 돌아가지 않도록 삼각형으로 잡는다. 네 번째 바늘을 첫 코에 넣고 끝 코에 걸린 실로 겉뜨기한다.

3 첫 코와 끝 코를 연결한 후 바늘에 걸린 나머지 코를 순서대로 겉뜨기한다.

4 연결 부분에서 바늘을 바꿔가며 원형뜨기한다. **tip** 첫 코에 단 코표시링을 걸면 단을 셀 때 편리하다.

5 돌려가며 원형뜨기로 뜨는 모습. 항상 겉감면을 보면서 뜬다.

배색뜨기(다른색 실로 바꾸기)

tip 배색실이 편물의 안쪽에서 가로로 길게 늘어지는 것을 방지하기 위해 실을 중간중간 휘감아서 걸쳐지게 떠야 한다.

1 시작하기 전에 배색실(파랑)을 바탕실(주황)에 걸쳐서 끼우고 겉뜨기로 뜬다.

2 배색실을 바늘과 바늘 사이에 걸친다. 실의 위치는 바탕실이 위, 배색실이 아래로 오게 한다.

3 바탕실을 오른쪽 바늘에 건다.

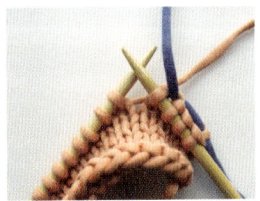

4 배색실은 두고 바탕실만 끌어내려 겉뜨기로 뜬다.

5 다음코는 배색실은 위에 놓고, 바탕실은 아래에 놓은 채로 겉뜨기한다.

6 배색실로 뜨는 코에서는 배색실로 뜬다.

7 같은 방법으로 반복해서 단 끝까지 뜬다.

8 안쪽에서 본 모습. 안쪽을 보고 뜨는 단도 같은 방법으로 뜬다.

메리야스 꿰매기(단과 단을 잇는 바느질)

1 코와 코 사이의 안쪽 실을 끌어올려 꿰매는 것이 중요하다. 시작코에서 남긴 실은 돗바늘에 넣고, 반대쪽 편물의 시작코 안쪽 실을 돗바늘로 끌어올려 꿰맨다.

2 왼쪽 편물 둘째 단에 걸쳐있는 안쪽 실을 돗바늘로 끌어올려서 꿰맨다.

3 1단씩 교대로 떠서 실을 당기면 꿰맨 부분이 눈에 띄지 않는다. 너무 세게 잡아당기지 않도록 주의한다.

메리야스 꿰매기(코와 코를 잇는 바느질)

1 앞판의 첫 코, 뒤판의 첫 코 순서로 실을 꿰매고 적당히 잡아당긴다.

2 앞판은 'ㅅ' 모양, 뒤판은 'V' 모양으로 교대로 반복해서 뜬다.

3 실이 보이지 않게 살살 잡아당기고 마무리한다.

응용레슨
꿰매기, 자수놓기
빠진 코 줍기

자수놓기

1 바늘을 1코의 중심 안쪽에서 빼내어 1단 위의 코(V자 모양)를 꿰고 실을 당긴다.

2 바늘을 빼낸 위치에 다시 바늘을 넣고 왼쪽 옆 코의 중심으로 뺀다.

3 반복하여 원하는 부분에 자수를 놓는다.

4 자수 완성 예시.

빠진 코 줍기

1 빠진 코(고리 모양)를 찾는다.

2 코에 코바늘을 넣는다.

3 바로 위에 있는 실을 걸친다.

4 걸친 실을 고리 안으로 빼낸다.

5 다음 실을 걸친다.

6 걸친 실을 고리 안으로 빼낸다.

7 코를 왼쪽 바늘에 넣고 코바늘을 뺀다.

8 빠진 코가 제대로 고쳐진 모습.

응용레슨
코바늘로 인형 코 만들기

코바늘로 인형 코 만들기

과정 사진에는 알아보기 쉽도록 굵은 실과 바늘을 이용했습니다.
코바늘 뜨기가 익숙하지 않다면 굵은 실과 바늘로 먼저 충분히 연습하시기 바랍니다. 책에 실린 모든 인형 코는 모사용 코바늘 03호를 사용했습니다.

1 사슬 1코를 만든다(Page 036 참조).

2 실을 코바늘에 걸고 고리 안으로 빼내는 동작을 두 번 더 해서 사슬 3코를 만든다.

3 실을 코바늘에 건다.

4 첫 번째 사슬에 코바늘을 넣고 실을 걸어 화살표 방향으로 빼낸다.

5 코바늘에 다시 실을 건다.

6 첫 번째와 두 번째 고리 안으로 한 번에 빼낸다.

7 3~6번 과정을 두 번 더 반복한다. 코바늘에 4개의 고리가 생기게 된다.

8 실을 코바늘에 걸어서 4개의 고리안으로 한 번에 빼낸다.

9 두 뼘 정도 여유 실을 남기고 자른다.

10 고리를 코바늘 밖으로 잡아당겨서 실을 끝까지 빼낸다.

11 양쪽 실을 묶어서 둥글게 오므린다.

12 코 완성.

코바늘로 인형 눈 만들기

과정 사진에는 알아보기 쉽도록 굵은 실과 바늘을 사용했습니다. 코바늘 뜨기가 익숙하지 않다면 굵은 실과 바늘로 먼저 충분히 연습하시기 바랍니다. 책에 실린 모든 인형 눈은 레이스용 코바늘 8호를 사용했습니다. 가는 바늘과 실을 쓸수록 눈 사이즈가 작아집니다.

(눈동자 부분)

1 실을 동그랗게 말아서 원을 만들고 오른쪽 실을 고리 안으로 넣어 화살표 방향으로 살짝 뺀다.

2 중간지점을 손가락으로 잡고 왼쪽 실을 잡아당긴다.

3 원을 줄이면 고리가 하나 만들어 진다.

4 코바늘을 고리에 넣고 실을 잡아당기고 실을 크기를 줄인다.

5 코바늘에 실을 걸고 고리 안으로 빼내어 사슬 1코를 만든다.

6 5번을 반복해서 사슬 2코를 만든다.

7 첫 번째 사슬에 코바늘을 넣고 실을 건다.

8 실을 사슬 안으로 빼내어 두 개의 고리를 만든다.

9 실을 다시 건다.

10 두 개의 고리 안으로 한 번에 빼내어 짧은뜨기 1코를 만든다.

11 7~10번 과정을 다섯 번 더 반복해서 짧은뜨기 6코를 만든다.

12 첫 번째 짧은뜨기 코(실 두 가닥)에 코바늘을 넣고 코바늘 머리에 다른 색상의 실을 끼운다.

응용레슨
코바늘로 인형 눈 만들기

(흰자위 부분)

13 실을 걸려있는 모든 고리로부터 빼낸다.

14 실을 다시 코바늘에 건 다음 실을 고리 안으로 빼내어 사슬 1코를 만든다.

15 첫 번째 짧은뜨기 코(실 두 가닥)에 코바늘을 넣는다.

16 짧은뜨기 1코를 만든다.

17 같은 코에 짧은뜨기를 1코 더 만든다. 짧은뜨기 2고기 함께 걸려있게 된다.

18 나머지 다섯 코에도 짧은뜨기를 2코씩 만든다. 총 12코.

19 첫 번째 짧은뜨기 코에 코바늘을 넣고 실을 건다.

20 걸려있는 모든 고리로 실을 빼낸다. 두 뼘 정도 여유를 두고 실을 자른 후 고리를 밖으로 잡아당겨서 실을 끝까지 빼낸다.

21 뒷면의 나머지 실들은 서로 묶어서 매듭지어준다.

22 매듭지은 실을 가위로 짧게 자른다.

23 지투리 실을 중앙으로 넣어 숨긴다.

24 다시 뒤집으면 눈 완성.

&
Knitting Lesson

포근한 뜨개 수업
차근차근 따라하기

하나 둘 순서대로 따라 해보기

실전레슨
지구볼 만들기

지구볼 만들기 도안 Page 121

원형뜨기와 그라데이션 효과를 내는 색바꾸기 방법을 배웁니다. 색과 크기를 달리하면 여러 가지 행성을 만들 수 있습니다.

1 연두색 실을 타래의 안쪽에서 한 줄, 겉에서 한 줄씩 빼서 함께 잡는다.

2 앞뒤가 뾰족한 바늘에 시작코를 8코 만든다(Page 022 참조). tip 마무리 할 때 구멍을 막을 실이 필요하므로 꼬리실을 한 뼘 정도 남긴다.

3 여덟 개의 코들을 바늘 세 개에 2/2/4로 나누고, 꼬리실이 걸린 마지막 코가 오른쪽에 오도록 바늘을 삼각형으로 배치한다. tip 코를 바늘에 나눌때는 안뜨기 방향으로 빼가며 옮긴다.

4 첫 코를 겉뜨기로 뜨면서 편물의 처음과 끝을 원형으로 붙여주는 작업을 한다 (Page 029 참조).

5 바늘을 옮겨가며 겉뜨기로 뜬다. 꼬리실을 단이 끝나는 기준으로 잡는다. tip 코들이 빠지지 않도록 다 뜬 코들은 항상 바늘 중간으로 밀어놓는다.

6 지구 아랫부분의 형태를 키워주기 위해 코늘리기를 시작한다. [겉뜨기 1코, 왼코만들기]를 반복해서 1단 뜬다(Page 023 참조).

7 콧수가 4/4/8로 늘어났는지 확인하고 겉뜨기를 1단 뜬다.

8 [겉뜨기 2코, 왼코만들기]를 반복해서 1단 뜬다. 콧수가 6/6/12로 늘어났는지 확인하고 겉뜨기를 1단 뜬다.

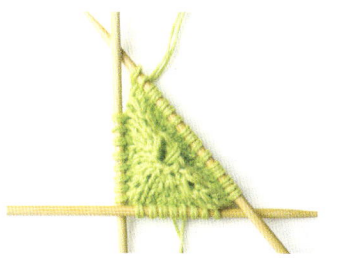

9 [겉뜨기 3코, 왼코만들기]를 반복해서 1단 뜬다. 콧수가 8/8/16으로 잘 늘어났는지 확인하고 겉뜨기를 1단을 뜬다.

10 [겉뜨기 4코, 왼코만들기]를 반복해서 1단 뜬다. 콧수가 10/10/20으로 잘 늘어났는지 확인하고 겉뜨기를 1단을 뜬다.

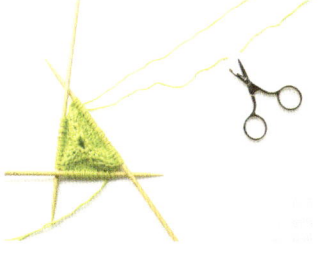

11 연두색 실 두 줄 중, 한 줄을 한 뼘 정도 여유를 두고 자른다.

12 하늘색 실을 타래의 겉에서 빼내어 방금 자른 연두색 실에 매듭지어 연결한다.

13 겉뜨기로 3단 뜬다. **tip** 매듭은 일부러 크게 묶어서 겉감면으로 나오지 못하도록 의도하여 뜬다.

14 연두색 실과 하늘색 실이 섞여서 그라데이션 효과가 나타나는 것을 확인한다.

15 남은 연두색 실마저 한 뼘 정도 여유를 두고 자른다.

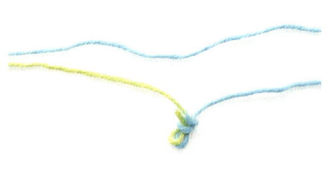

16 하늘색 실을 타래의 안쪽에서 빼내어 방금 자른 연두색 실에 매듭지어 연결한다.

17 겉뜨기로 7단 뜬다. 그라데이션 구간이 끝나고 하늘색 구간이 시작된다.

18 컬러의 구간 설정은 자유롭게 실을 끊고 연결해서 여러 번 원하는 부분에 하는 것을 추천한다. 더 독특한 컬러 배합으로 나만의 지구를 만들 수 있다.

19 하늘색 실 한 줄을 한 뼘 정도 여유를 두고 자른 후 연두색 실을 다시 매듭지어 연결한다.

20 겉뜨기로 6단 뜬다. 나머지 하늘색 실도 한 뼘 정도 여유를 두고 자른 후 연두색 실을 마저 매듭지어 연결한다.

21 콧수 변동 없이 겉뜨기만 뜨는 부분이 끝나면 지구 윗부분의 형태를 줄여주기 위해 코줄이기를 한다(10/10/20개로 시작한다).

22 [겉뜨기 3코, 왼코줄이기]를 반복해서 1단 뜬다. 콧수가 8/8/16으로 줄었는지 확인하고 겉뜨기를 1단 뜬다(Page 024 참조).

23 도안대로 콧수를 줄여서 지구의 형태를 잡는다.

24 바늘 세 개에 2/2/4코만 남을 때까지 코를 줄인다.

25 꼬리실을 넉넉하게 남기고 자른 후 돗바늘에 끼운다.

26 돗바늘을 꼬리실이 걸려있는 코부터 시계 반대 방향으로 차례차례 통과시킨다.

27 다음 바늘의 코들도 통과시킨다.

28 마지막 바늘의 코도 통과시킨다.

29 같은 방향으로 꼬리실을 한 바퀴 더 통과시킨다.

30 잡아당기지 않고 돗바늘을 뺀다.

31 구멍으로 솜을 알맞게 채워준다. 솜덩어리를 한꺼번에 넣지 말고 조금씩 뜯어서 구석구석 채워가며 넣는다.

32 솜을 다 넣었으면 실을 잡아당긴다.

33 실을 세게 당겨 구멍이 완전히 막히도록 한다.

34 꼬리실을 돗바늘에 다시 끼워서 지구를 관통하도록 찌른다.

35 바늘을 반대쪽으로 최대한 멀리 보낸다.

36 적당히 잡아당기고 돗바늘을 빼고 꼬리실을 잘라준다.

37 반대쪽 구멍의 꼬리실을 돗바늘에 끼운다.

38 꼬리실이 걸려있는 코부터 밖에서 안으로 건다.

39 안쪽으로 바늘을 잡아당긴다.

40 왼쪽에 있는 코도 밖에서 안으로 걸어 뺀다.

41 같은 방법으로 모든 코를 시계 방향대로 모아준다.

42 실을 잡아당긴다.

43 똑같은 방향으로 실을 한 바퀴 더 통과시킨다.

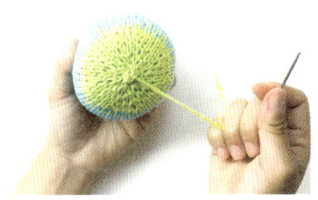

44 실을 잡아당긴다.

45 지구를 관통하도록 찌르고 실을 최대한 반대쪽으로 보낸다.

46 꼬리실을 잘라준다.

47 완성된 모습.

& Knitting Lesson

실전레슨
고양이 만들기

줄무늬 보리 도안 Page 132

폭신한 인형 만들기입니다. 두 개를 뜨다가 하나로, 하나에서 여러 개로 나누는 방법들을 차근차근 배워보아요.

1 양면바늘에 시작코를 10코 만든다. 마무리 할 때 구멍 막을 실이 필요하므로 코 잡을 때 꼬리실을 한 뼘 정도 남긴다.

2 코들을 세 개의 바늘에 나눈다. 콧수 계산을 쉽게 하기 위해 2/3/5로 나누며, 안뜨기 방향으로 빼서 옮긴다.

3 꼬리실이 걸린 마지막 코가 오른쪽에 오도록 역삼각형으로 바늘을 배치한다.

4 첫 코를 겉뜨기로 뜨면서 편물의 처음과 끝을 원형으로 붙여주는 작업을 한다.

5 바늘을 옮겨가며 도안대로 뜬다. 줄무늬 고양이의 경우, 갈색실을 메인으로 뜨되 4의 배수에 해당하는 단은 아이보리실로 바꿔가며 뜬다.

6 다리 한쪽을 다 뜨면 실을 한 뼘 정도 남기고 자른 후 바늘 두 개에 7코씩 반으로 나누어 걸고 보관한다. 고양이의 오른발이 된다.

7 똑같은 방법으로 나머지 다리 한쪽을 뜬다. 고양이의 왼발이 된다. 실은 자르지 않고 그대로 몸통으로 연결하여 뜬다.

8 왼발의 첫 7코를 겉뜨기 하고, 다리와 다리 사이에 감아코 3코를 만든다(Page 026 참조).

9 이어서 오른발의 첫 7코를 겉뜨기 한다. 몸통의 앞판이 된다. **tip** 감아코 만들기가 끝나면 반드시 실을 오른쪽 바늘의 뒤로 옮긴 후 겉뜨기를 한다. 불필요한 코가 생기지 않도록 유의한다.

10 뒤판도 똑같은 방법으로 진행하여 발두 개를 몸통으로 연결시킨다.

11 바늘 세 개에 코를 나누어 옮기고 몸통을 뜬다.

12 도안대로 양쪽 끝에서 규칙적으로 코를 늘려 팔 아랫부분을 만든다.

13 50단까지 다 뜨면 실을 한 뼘 정도 남기고 자른다. 비슷한 두께의 다른 실을 두 뼘 정도의 길이로 두 개 준비한다.

14 도안에 표시되어 있는 쉼코를 준비해 둔 실에 걸어서 빼둔다. **tip** 쉼코가 빠질 수 있으므로 매듭을 꼭 지어둔다.

15 양쪽으로 쉼코를 빼두면 이런 모양이 된다. 쉼코를 제외한 나머지 26코는 고양이의 목이 된다.

16 남은 26코에 새로 실을 연결하여 원형 뜨기한다.

17 원형으로 연결된 고양이의 목.

18 도안대로 코를 늘려가며 고양이의 얼굴을 만든다.

19 80단에서 6코 겉뜨기(왼쪽 귀 앞판), 9코 코막음, 12코 겉뜨기(오른쪽 귀), 9코 코막음, 6코 겉뜨기(왼쪽 귀 뒤판)를 해서 귀를 만들기 위한 밑작업을 한다 (Page 027 참조).

tip 코막음을 끝내고 나면 오른쪽 바늘에 1코가 남는데, 이 코는 겉뜨기 1코를 한 것으로 간주한다.

20 코막음으로 정수리에 코가 없어지고 양쪽으로 귀가 생긴 모습.

21 여분의 실을 두 뼘 정도의 길이로 한 개 준비한다. 팔에서 쉼코 처리를 한 것과 마찬가지로 오른쪽 귀에 해당하는 12코를 실에 걸어서 빼둔다(14번 참조).

22 왼쪽 귀에 해당하는 12코를 도안대로 원형뜨기로 뜬다. 다 뜨면 한 뼘 정도 여유를 두고 실을 자른다.

23 꼬리실을 돗바늘에 끼우고 꼬리실이 걸려있는 코부터 시계 반대 방향 순서대로 차례차례 통과시킨다.

24 같은 방법으로 한 바퀴 더 통과시켜서 잡아당기고 꼬리실을 정리한다.

25 쉼코로 빼 둔 오른쪽 귀의 12코를 바늘에 다시 옮기고 새 실을 연결하여 원형 뜨기한다. 나중에 정수리를 바느질할때 실이 필요하므로 꼬리실은 두 뼘 정도 남기고 자른다.

26 양쪽 귀를 완성한 모양.

27 쉼코로 빼 둔 오른팔 16코를 바늘에 다시 옮기고 새로 실을 연결하여 원형뜨기한다. 오른팔의 시작코가 어디인지 잘 체크한다.

point 양쪽 팔을 만드는 도안은 똑같지만 오른팔은 앞판에서 시작하고 왼팔은 뒤판에서 시작한다.
tip 나중에 목과 팔 사이의 구멍을 바느질할 실이 필요하므로 새로 실을 연결할 때 꼬리실을 넉넉히 남긴다.

28 도안대로 팔을 뜨고 꼬리실을 여유있게 자른다.

29 남은 코들을 꼬리실에 통과시키고 잡아당기고 실을 마무리한다.

30 원팔 16코를 바늘에 다시 옮기고 새로 실을 연결해 원형뜨기한다.

31 도안대로 팔을 뜨고 오른팔과 똑같이 마무리 한다.

32 꼬리를 제외한 모든 부분을 다 뜬 모습.

33 구멍으로 솜을 알맞게 채워준다. 조금씩 뜯어서 천천히 모양을 잡아가며 넣는다. 겸자를 사용해도 좋다.

34 솜을 어느 정도 채우고 정수리부터 바느질을 시작한다.

35 꼬리실로 앞판과 뒤판을 번갈아가며 정수리를 막는다(Page 032 참조).

36 바늘을 최대한 깊숙이 찔러 넣어 꼬리실을 정리한다.

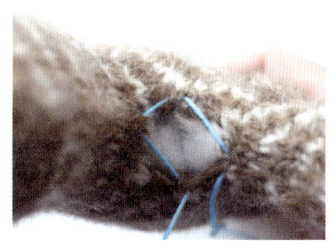

37 목과 팔 사이의 구멍도 막는다. 꼬리실로 앞판→목→뒤판→팔 순서로 4면에 통과시킨다(잘 보이도록 다른 색상의 실을 사용하였음).

38 통과시킨 꼬리실을 잡아당기면 구멍이 깔끔하게 메워진다. 같은 순서로 한 바퀴 더 돌려서 구멍이 벌어지지 않도록 고정시킨다.

39 바늘을 최대한 깊숙이 찔러 넣어 꼬리실을 정리한다.

40 감아코로 만든 부분의 구멍도 정수리와 같은 방식으로 막는다.

41 발의 구멍을 막는다. 꼬리실을 돗바늘에 끼우고 꼬리실이 걸려있는 코부터 건다.

42 바늘을 밖에서 안으로 걸어 빼낸다.

43 같은 방법으로 모든 코를 시계 방향으로 모은다.

44 실을 잡아당겨서 오므린다.

45 같은 순서로 한 바퀴 더 돌려서 구멍이 벌어지지 않게 고정시키고 꼬리실을 정리한다.

46 아이코드뜨기로 꼬리를 만들고 팔과 같은 방법으로 코를 마무리 한다. 몸통에 바느질할 때를 고려해서 코를 만들 때 꼬리실을 두 뼘 정도 넉넉히 남긴다(Page 028 참조).

47 몸통의 알맞은 위치에 원형의 꼬리 모양을 따라 동그랗게 바느질 한다.

48 꼬리가 고정된 모습.

49 이제 얼굴을 묘사할 차례이다. 수염은 실을 세 번 정도 타원형으로 감고 중간에 매듭을 지어 준비한다. 눈의 위치를 얼굴에 핀으로 표시한다.

50 대칭이 되도록 유의해서 눈을 수놓은 후 정리한다.

51 준비해둔 수염을 원하는 코의 위치에 놓는다. 수염의 매듭이 코 안으로 고정되도록 코를 역삼각형으로 수놓는다.

52 코에 이어서 인중도 수놓은 후 실을 정리한다.

53 입을 수놓는다(바늘의 동선:입꼬리→반대쪽 입꼬리→인중의 끝).

tip 웃고 있는 입을 표현하려면 입꼬리가 인중의 끝보다 위에 있어야 하고, 삐친 입을 표현하려면 입꼬리가 인중의 끝보다 아래에 있어야 한다.

54 실이 인중의 끝에서 걸쳐지게 바느질로 고정시키고 마무리 한다.

55 얼굴 표현이 거의 끝나가는 모습.

56 검은 실로 눈동자를 수놓는다.

57 수염을 원하는 길이로 자른다.

58 고양이 완성!

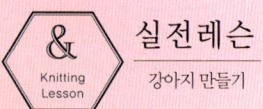
실전레슨
강아지 만들기

줄무늬 티셔츠를 입은 닥스훈트 머랭이 도안 Page 150

본격적인 입체 인형 만들기입니다. 앞에서 배웠던 기본 뜨기를 응용해서 좀 더 디테일이 섬세한 나만의 인형을 만들어 보아요.

1 양면바늘에 시작코를 10코 만든다. 마무리 할 때 구멍을 막을 실이 필요하므로 코 잡을 때 꼬리실을 한 뼘 정도 남긴다.

2 코들을 세 개의 바늘에 나누어 원형뜨기한다.

3 바늘을 옮겨가며 도안대로 떠서 정수리 형태를 키운다.

4 전체코가 40코로 늘려지면 콧수 변동 없이 10단을 겉뜨기로 뜬다.

5 이제부터 첫 14코만 평뜨기(튀어나온 입부분으로 뜬다. 나머지 26코(ⓐ)는 바늘에 걸어둔 채로 잠시 쉰다.

6 14코를 평뜨기로 메리야스뜨기한다.
tip 매 단의 첫 코는 걸러뜨기 한다.

7 4코가 남을 때까지 뜨고, 편물의 왼쪽 옆면(ⓐ)을 따라 코줍기를 7코 한다.

8 코줍기 된 모습.

9 연결해서 쉬고 있던 26코(ⓐ)를 원형뜨기로 마지막 코까지 겉뜨기한다. 편물의 오른쪽 옆면(ⓑ)를 따라 코줍기를 7코 한다.

10 양쪽으로 코줍기를 마친 모습. 6번과 7번 코 사이에 단코표시링을 끼운다.

11 point 여기서부터 겉감면, 안감면을 돌려가며 뜬다. 연달아 5코를 겉뜨기하고 단코표시링을 끼운 후 왼코줄이기를 한다.

12 안감면이 보이도록 편물을 돌리고, [걸러뜨기, 안뜨기 6코, 안뜨기로 오른코줄이기] 한다. 겉감면이 보이도록 다시 뒤집고 [걸러뜨기, 겉뜨기 6코, 왼코 줄이기] 한다.

tip 단코표시링 사이의 6코를 유지시키면서 양쪽으로 코를 줄여나간다.

13 콧수가 줄여짐에 따라 튀어나온 입이 표현되는 것을 확인한다. tip 뒷바늘에 걸려있는 코들을 끌어와서 줄인다.

14 전체 코가 31코가 될 때까지 줄인 후 (겉뜨기단으로 끝남) 남은 코들(★)을 원형뜨기로 이어준다.

15 다음 단에서 바로 오른코줄이기를 하고 단코표시링을 걸어서 첫코를 표시한다.

16 콧수 변동 없이 10단을 겉뜨기로 뜬다 (목부분에 해당).

17 다음 단의 제일 마지막 코에서 스웨터 실로 바꿔서 뜬다(스웨터 시작 부분). 마지막 코가 스웨터로 들어가면서 첫 코가 된다. 머리를 뜨던 실은 자른다.

18 전체 30코를 바늘 네 개에 첫 코부터 순서대로 10/5/10/5로 걸고, 도안대로 뜨기 시작한다(10코=앞판 / 5코=왼팔 / 10코=뒤판 / 5코=오른팔)

19 도안대로 코를 늘려서 어깨를 만든다. 실을 바꾼 부분의 꼬리실은 미리 정리한다.

20 스웨터의 줄무늬도 실을 바꿔서 표현한다.

21 꼬리실은 귀찮더라도 바로바로 정리한다.

22 어깨가 끝나면 두 팔은 쉼코로 빼두고 이어서 몸통을 뜬다(쉼코 처리하는 방법은 Page 048 참조).

23 남은 32코에 실을 연결하여 원형뜨기 한다. 몸통의 첫 코를 단코표시링으로 표시한다.

24 도안대로 스웨터의 줄무늬를 표현해가며 뜬다.

25 실을 바꾸고 바지 부분을 뜬다. 실을 바꾼 부분의 꼬리실은 미리 정리한다.

26 도안에 표시되어 있는(왼쪽 다리) 코를 실에 걸어서 쉼코로 빼둔다. **tip** 코가 빠질 수 있으므로 매듭을 꼭 지어둔다.

27 오른쪽 다리는 계속 이어서 뜬다.

28 실을 바꾸고 발을 뜬다.

29 두 번째 단에서 첫 7코를 겉뜨기한다. 첫 번째 코는 단코표시링에 걸어서 따로 빼두고, 2~7번 코에 해당하는 6코만 평뜨기(발등이 된다)한다. 나머지 코들은 바늘에 걸어둔 채로 잠시 쉰다.

30 6코를 평뜨기 메리야스뜨기 한다. 매 단의 첫 코는 걸러뜨기 한다.

31 편물의 왼쪽 옆면(ⓡ)을 따라 코줍기를 3코 한다.

32 쉬고 있던 10코(단코표시링에 빼둔 첫 번째코 포함)를 원형뜨기로 연결한다. 편물의 오른쪽 옆면(ⓐ)을 따라 코줍기 3코 하고 나머지 코들도 겉뜨기해서 원형으로 연결한다.

33 콧수 변동 없이 4단을 원형뜨기로 뜬다.

34 다음 단에서 겉뜨기를 5코 하고 단코표시링을 끼운다. 이어서 겉뜨기를 4코 하고 단코표시링을 또 끼운 다음 왼코줄이기한다.

35 안감면이 보이도록 편물을 돌리고 [걸러뜨기, 안뜨기 4코, 안뜨기로 오른코줄이기]를 순서대로 한 후 겉감면이 보이도록 다시 뒤집는다. 이제 단코표시링 사이의 4코를 유지시키면서 양쪽으로 코를 줄여나간다.

36 코가 줄여짐에 따라 발이 표현되는 것을 확인한다. tip 뒷바늘에 걸려있는 코들을 끌어와서 줄인다.

37 전체 코가 11코가 될 때까지 줄인다.

38 모든 코를 코막음 한다. 뒤꿈치에 솜 넣을 구멍이 생긴것을 확인한다.

39 쉼코로 빼 둔 왼다리의16코를 바늘에 다시 옮기고 새로 실을 연결하여 원형뜨기한다. 왼다리의 시작코가 어디인지 잘 체크한다.

40 왼다리도 오른다리와 같은 방법으로 작업한다.

41 구멍으로 솜을 알맞게 채워준다. 조금씩 뜯어서 모양을 잡아가며 넣는다. 겸자를 사용해도 좋다.

42 쉼코로 빼 둔 왼팔 11코를 바늘에 다시 옮기고 새로 실을 연결하여 원형뜨기한다. **point** 왼팔은 앞판에서 시작하고 오른팔은 뒤판에서 시작한다.

43 왼팔에 솜을 넣고 꼬리실로 잡아당긴 뒤, 실을 정리하고 오른팔도 마찬가지로 새로 실을 연결하여 원형뜨기한다.

44 오른팔까지 솜을 넣고 꼬리실을 정리한 모양.

45 구멍들을 막는다. 겨드랑이의 꼬리실을 앞판→몸통→뒤판→팔의 4면에 통과시키고 잡아당긴다. 같은 순서로 한 바퀴 더 돌려서 고정시킨다(Page 051 고양이 목과 팔 구멍 막는 법 참조).

46 다리 사이의 구멍도 겨드랑이와 같은 방법으로 막고 마무리 한다.

47 발의 구멍도 바느질로 막는다. 코막음한 바로 옆코에 바늘을 통과시켜서 두 면을 맞대고 바느질한다.

48 남은 실로 군데군데 발바닥의 벌어진 부분을 깔끔하게 잡아준다.

49 정수리 구멍도 시계 방향으로 코를 모아서 막는다.

50 실을 잡아당겨서 오므린다. 같은 순서로 한 바퀴 더 돌려서 구멍이 벌어지지 않게 고정시키고 꼬리실을 정리한다.

51 남은 실로 얼굴 옆면의 벌어진 부분을 깔끔하게 잡아준다.

52 몸이 완성된 모습.

53 귀는 도안대로 원형뜨기로 두 개 만든다.

54 눈과 코는 코바늘뜨기로 만든다(Page 035~037 코바늘뜨기법 참조).

55 귀를 알맞은 위치에 시침핀으로 고정한다.

56 귀를 머리에 바느질로 고정시킨다. 귀 안쪽도 바느질해서 귀가 뜨는 것을 방지시켜준다.

57 코를 알맞은 위치에 시침핀으로 고정하고 동그랗게 코 모양대로 꿰맨다.

58 눈도 알맞은 위치에 시침핀으로 고정한다. 눈 위치가 어디 있는지에 따라 강아지의 인상이 크게 달라지므로 위치를 신중하게 정한다.

59 먼저 얼굴에 한 땀을 꿰매서 고정시킨 후 첫 코 밑으로 바늘을 찔러 넣는다.

60 실을 옆 코(시계 방향으로) 밑으로 넣어서 바깥으로 보낸다. 59번~60번을 반복히여 한 바퀴 돌린다.

61 얼굴을 한 땀 꿰매고 실을 자른다.

62 반대쪽 눈도 같은 방법으로 작업한다.
point 스티치 아래로 실이 지나가도록 꿰매서 사슬모양의 스티치가 잘 보이도록 한다.

63 닥스훈트 완성!

작고 사랑스러운 소품들

티매트/채소 삼총사/우주모빌/ 작은 키링들

도형 티매트

심플하지만 멋스런 도형을 만들며 기본기를 익혀보는 시간을 가져보세요.
여러 도형을 이어서 테이블 러너로 활용해보는 것도 좋은 방법이랍니다.

도안 Page 116

A
Knitting
Lesson

채소 삼총사

You are what you eat! 컬러풀하고 개성 넘치는 모양의 채소 시리즈. 아기들 소근육 발달을 위한 장난감으로 만들어줘도 좋겠어요. 도안 Page 118

나의 작은 우주모빌

언제나 신비롭고 아름다운 우주를 다양한 컬러의 실과 형태로 만들어 보았습니다. 모빌이나 오너먼트로 만들어서 선물하거나 장식하기 좋아요! 제가 만든 첫 우주는 첫째 조카에게 선물했답니다. 도안 Page 120

파인애플 & 플라밍고 키링

어느 무더웠던 한 여름날에 만들었던 액세서리입니다. 시원한 노랑과
쨍한 핑크로 파인애플과 플라밍고를 만드는 것만으로도 휴가 같았던
기억이 생생해요. 도안 Page 124

B
Knitting Lesson

알록달록
피커부 뜨개장갑

버니/팬더/고릴라/릴라릴라

B
Knitting Lesson

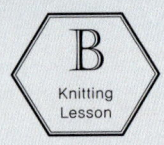

리틀 버니

독보적인 외모로 늘 사랑받는 동물. 쫑긋한 귀와 놀란 눈이 한없이 사랑스러운 토끼 장갑이에요. 도안 Page 126

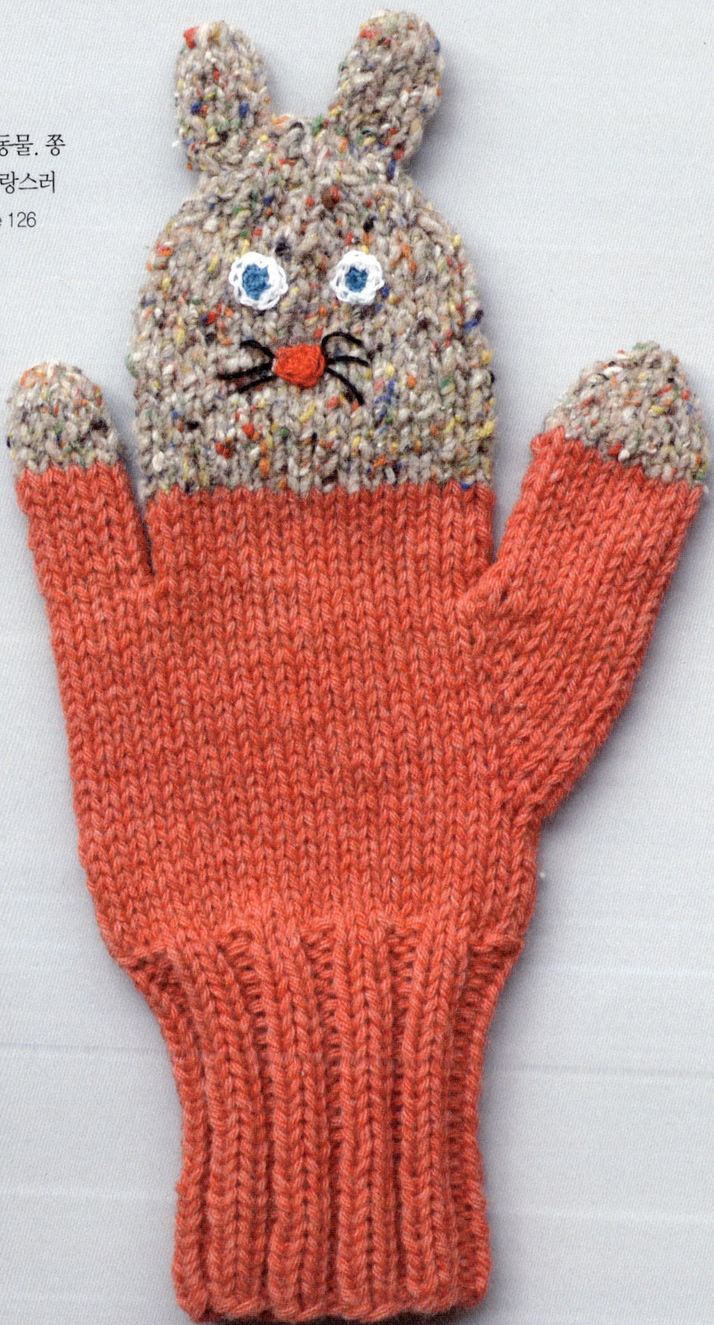

손가락 인형에서 영감을 얻은 프랜들리 퍼펫 장갑이랍니다. 어른들이 껴도 전혀 부담스럽지 않아요. 다소 심심한 무채색 가득한 겨울옷에 유머를 더해보아요!

슈퍼 팬더

까만 선글라스를 낀 듯한 팬더의 특징을 한 코 한 코 표현하는 재미가 있는 팬더 장갑이에요. 도안 Page 128

넌 고릴라

우스꽝스럽고 친근하며 은근 귀여운 구석도 있는 고릴라 장갑이에요. 도안 Page 130

릴라릴라

뛰는 것은 싫지만 은근한 포인트를 원하신다면…
점잖은 릴라릴라 장갑이 제격일 거예요! 도안 Page 131

C
Knitting Lesson

베란다 고양이들과 오랜 친구들

보리/뽀꼬/미루꾸/꼴리오네/여주
테디베어와 버니

줄무늬 보리

말괄량이 고양이 소년. 먹을 때가 가장 행복하다고 합니다. 도안 Page 132

코리언 숏 헤어 뽀꼬

물 흐르는 소리에도 소스라치게 놀라는
소심한 꼬맹이. 하지만 아주 날렵하여
피리잡기 선수이시요. 도안 Page 134

C
Knitting
Lesson

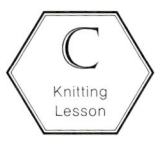

하얀 미루꾸

고고한 자태를 뽐내는 고양이 아가씨. 거울보기와 포즈취하기가 취미입니다. 도안 Page 136

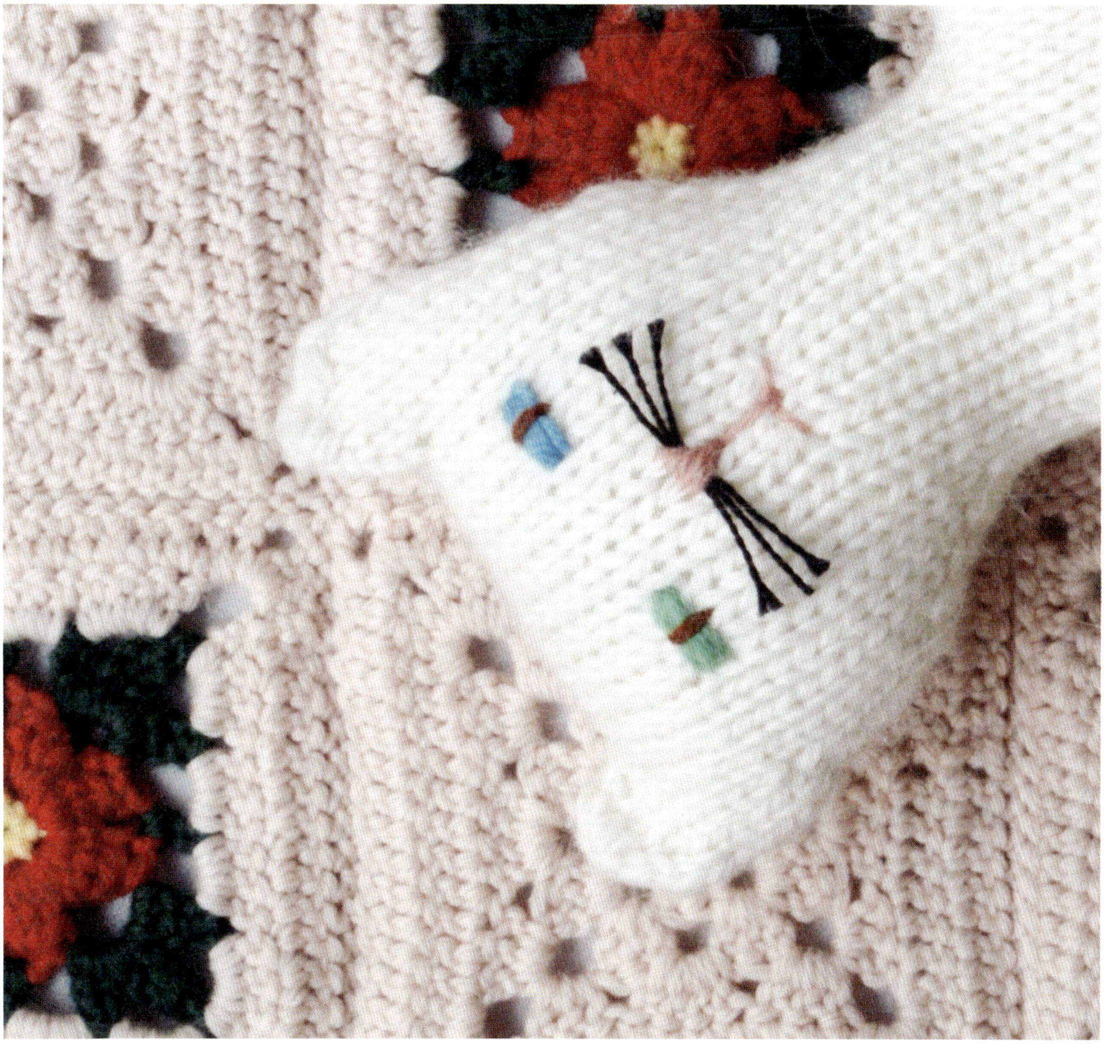

Knitting Lesson

까만 비토 꼴리오네

고양이계의 대부를 꿈꾸는 야심묘. 겉으론 시크해보이지만 사실은 아주 사려깊은 고양이랍니다. 도안 Page 136

C

Knitting Lesson

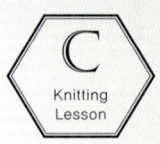

턱시도 여주

최근 다둥이를 출산한 어미 고양이. 하지만 너무 동안이라 아무도 엄마인 줄 모른답니다.

도안 Page 138

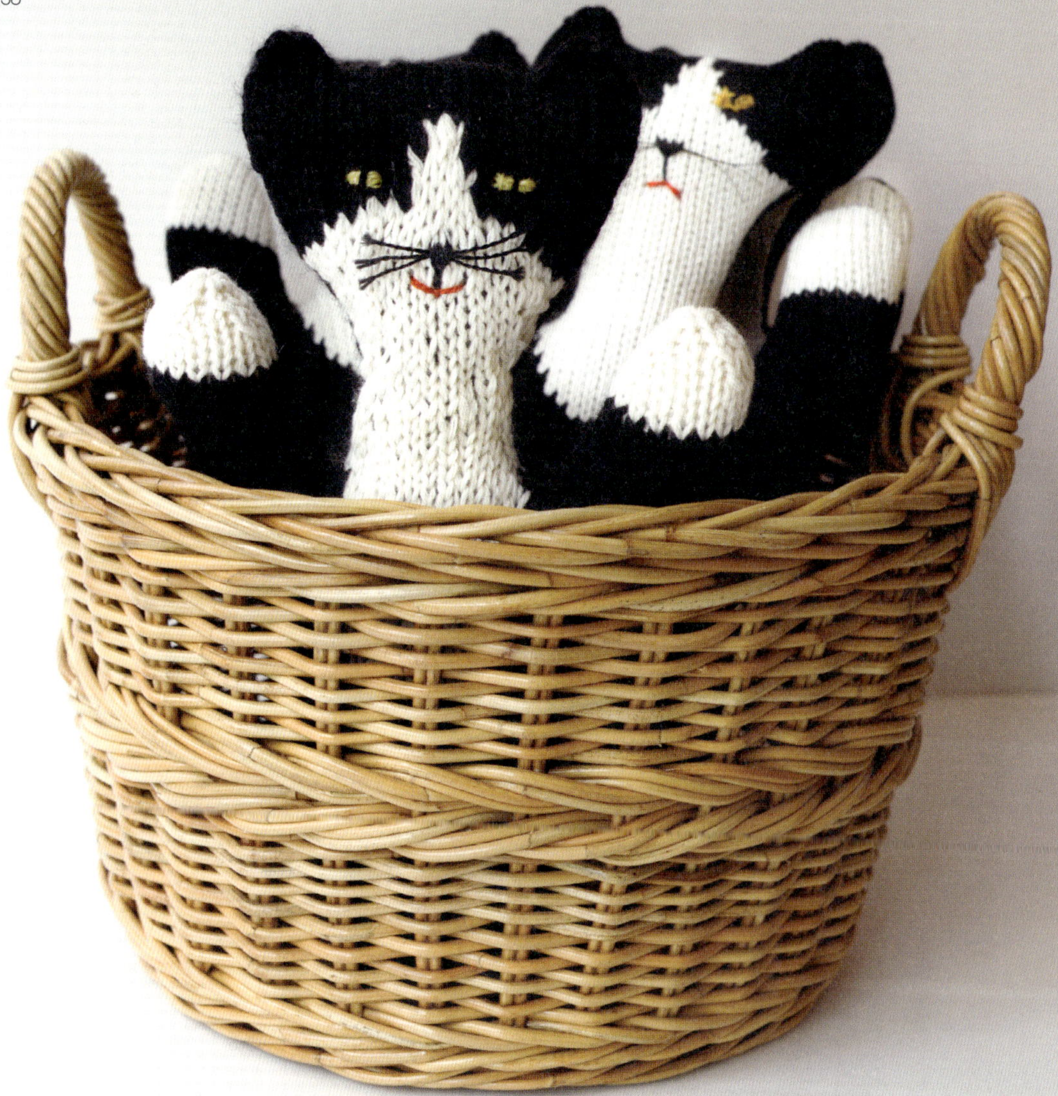

40년 산 테디베어

좋아하는 동화작가의 책에서 영감을 받아 만든 테디베어 입니다. 40년이란 세월을 살고있어 많이 낡았지만 그 클래식한 매력은 유행도 타지 않고 질리지도 않지요. 도안 Page 140

40년 산 버니

좋아하는 영화의 소품에서 영감을 받아 만든 버니인형 입니다. 조각조각 이어붙여 꿰맨 듯한 느낌으로 만들어 보세요. 보관만 해오던 서랍속의 실들을 꺼내어 자유롭게 매치해서 만들어 보시기를 권해요. 도안 Page 143

D
Knitting Lesson

저수지의 강아지들

승후/월슨/머랭이/나무/미니

'옆집 강아지가 사람이라면?' 이라는 상상의 나래를 펼치며 재미있게 작업했습니다. 출산을 앞두고 계시다면 아이의 애착인형으로 만들어 보셔도 좋고 반려견이 있으시다면 그 아이의 개성에 맞게 응용하여 만들어 보셔도 좋을 것 같아요.

테리어 승후

비 오는 날을 좋아하는 풍부한 감성을 가진 그. 반려인과 사무실에 함께 출근할 때
가장 행복해 보입니다. 도안 Page 146

웰시코기 윌슨

평소엔 정중하고 점잖은 태도로 일관하지만 개껌을 보면
돌변하는 이중적인 매력을 가졌답니다. 도안 Page 148

닥스훈트 머랭이

자유로운 영혼의 소유자. 엉뚱한 발상과 예측 불가능한 행동으로 사람들을 놀래키곤 합니다. 도안 Page 150

진돗개 나무

차갑고 냉철해보이는 겉모습과는 달리 바닷가 마을에서 자연과 자유로이
노니는 삶을 추구하는 평화주의자이지요. 도안 Page 152

푸들 미니

자신이 토이푸들인 줄 알았으나 큰 덩치를 가진 출생의 비밀을 간직한 그녀. 최근 일곱 마리 미니미의 엄마가 되었습니다. 도안 Page 154

H
Knitting Lesson

design &
How to make

기초, 응용레슨을 마치면 마음에 드는
작품을 골라 뜨개질을 시작해 보세요.

기호도 보는 법 기본뜨기 이미지 Page 021

Ⅰ	겉뜨기
—	안뜨기
ℓ	오른코 만들기
ℓ	왼코 만들기
⋏	오른코 줄이기
⋌	왼코 줄이기
⋏	중심 3코 모아뜨기
⋃	감아코 만들기
V	걸러뜨기
•	코줍기
━	코막음
✕	자수놓기
✦	실 연결
⋏	안뜨기로 오른코 줄이기
⋌	안뜨기로 왼코 줄이기

가터뜨기

메리야스뜨기

1코 고무뜨기

2코 고무뜨기

🧸 도안 보는 법

1 **평뜨기와 원형뜨기의 구분** '평뜨기'라고 표시된 부분만 평뜨기로 뜨고 나머지는 모두 원형뜨기입니다. 평뜨기의 경우 매 단을 뜰 때마다 편물을 뒤집기 때문에 홀수단(겉감면을 보고 뜨는 단)에서는 도안대로 뜨지만, 짝수단(안감면을 보고 뜨는 단)에서는 도안에 그려져 있는 기호를 안쪽에서 본 상태로 뜹니다. (예-평뜨기 메리야스뜨기 도안은 모두 겉뜨기로 표기하지만 실제로 뜰 때는 겉뜨기와 안뜨기를 1단씩 교차해서 뜹니다.) 원형뜨기의 경우 한 방향으로 뜨기 때문에 도안에 그려져 있는 기호대로 뜹니다.

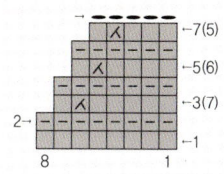

2 이 책의 모든 도안에서 **빈 네모는 겉뜨기**입니다. ☐ = ☐

3 **네모 1칸이 1코입니다.** 가로의 숫자는 콧수, 세로의 숫자는 단수 입니다. 1단부터 순서대로 뜹니다. 단수 옆의 괄호 안에 있는 숫자는 그 단에 해당하는 콧수입니다.

4 실제로 착용하는 **장갑 이외에는 게이지를 따로 표시하지 않았습니다.**

5 **굵은 실선으로 끝나는 부분은 마무리하라는 표시입니다.** 돗바늘을 사용하여 남은 코를 꼬리실에 통과시키고 잡아당겨서 오므립니다.

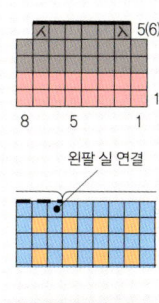

6 **굵은 점선으로 표시된 부분은 쉼코로 처리하라는 표시입니다.** 실을 새로 연결해서 뜨는 부분을 해당 코에 표시해두었습니다.

7 **X로 표시되어 있는 부분은 배색뜨기가 아니라 자수를 놓으라는 의미입니다.**

A 도형 티매트

완성 사이즈 네모 9.5 x 9.5cm, 원 9.5cm(지름), 세모 11 x 10cm
이미지 Page 064

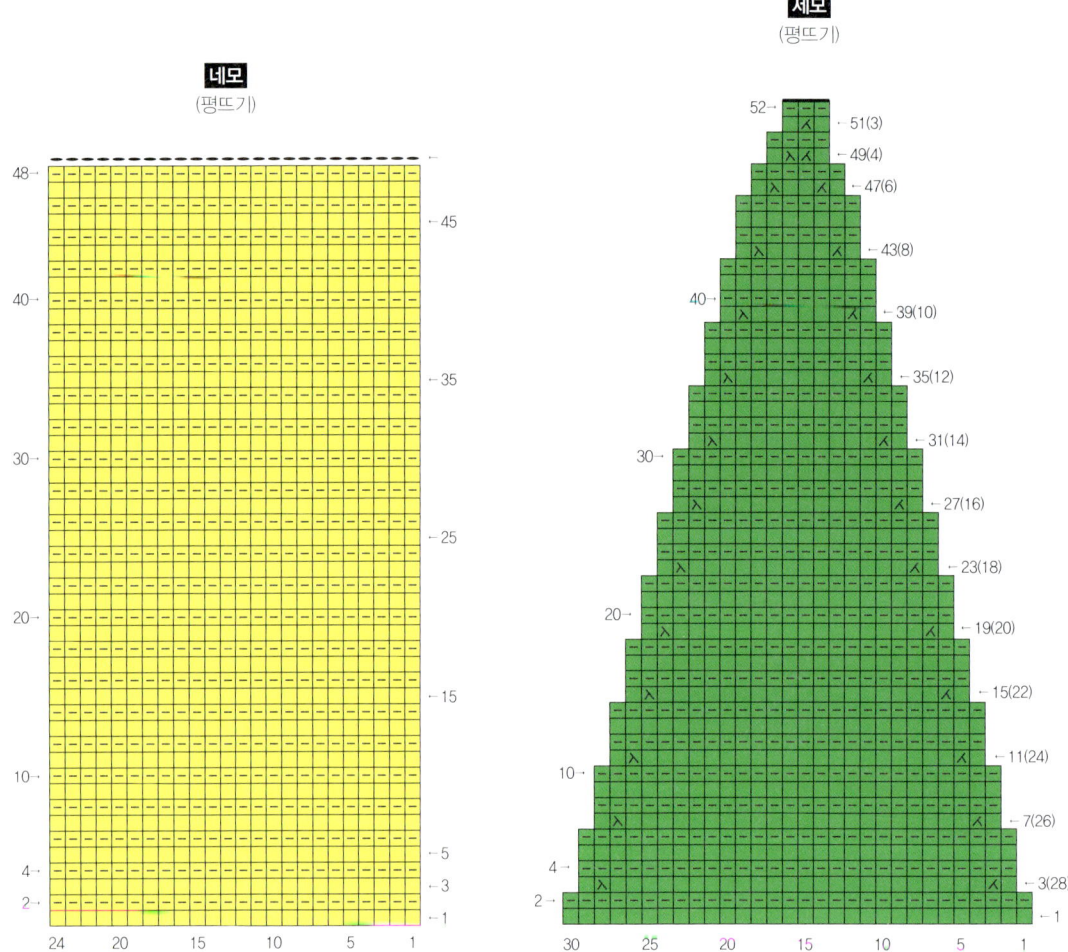

원
(평뜨기)

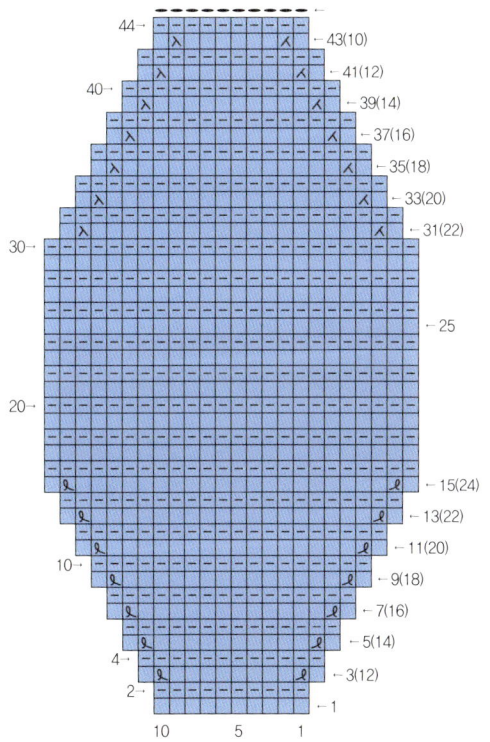

재료
실 네모 – KPC Gossyp DK_Sulphur (113m, 1/3타래)
  원 – KPC Gossyp DK_Aquamarine (113m, 1/3타래)
  세모 – KPC Gossyp DK_Billiard (113m, 1/3타래)
도구 3mm 대바늘, 돗바늘

뜨는방법
네모
1 시작코로 24코를 만든다.
2 평뜨기로 가터뜨기 48단을 뜬다.
3 코막음 한다.
4 남은 실은 돗바늘로 정리한다.

원
1 시작코로 10코를 만들고, 평뜨기로 가터뜨기한다.
2 도안대로 홀수단에서 콧수를 늘린다.
3 24코까지 콧수를 늘리고 콧수 변동 없이 30단까지 뜬다.
4 31단부터 홀수단에서 콧수를 줄인다.
5 10코까지 줄이고 코막음한다.
6 남은 실은 돗바늘로 정리한다.

세모
1 시작코로 30코를 만들고, 평뜨기로 가터뜨기한다.
2 도안대로 홀수단에서 콧수를 줄여서 형태를 뾰족하게 만든다.
3 3코까지 줄이고 꼬리실에 통과시켜서 잡아당긴다.
4 남은 실은 돗바늘로 정리한다.

A 채소 삼총사

완성 사이즈 래디쉬 5 x 13cm, 파 3 x 17cm, 가지 5 x 12cm
이미지 Page 066

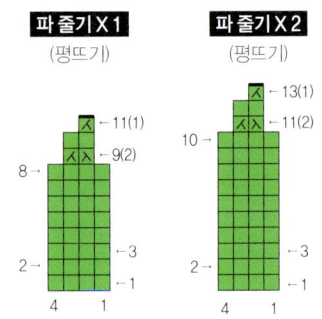

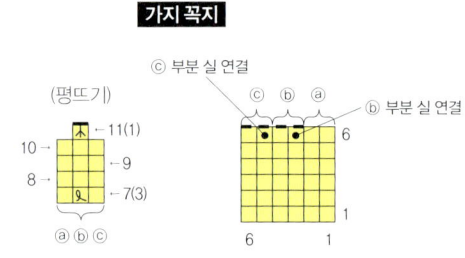

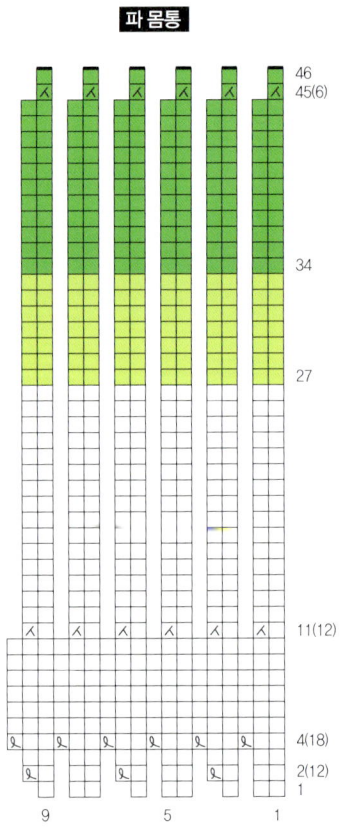

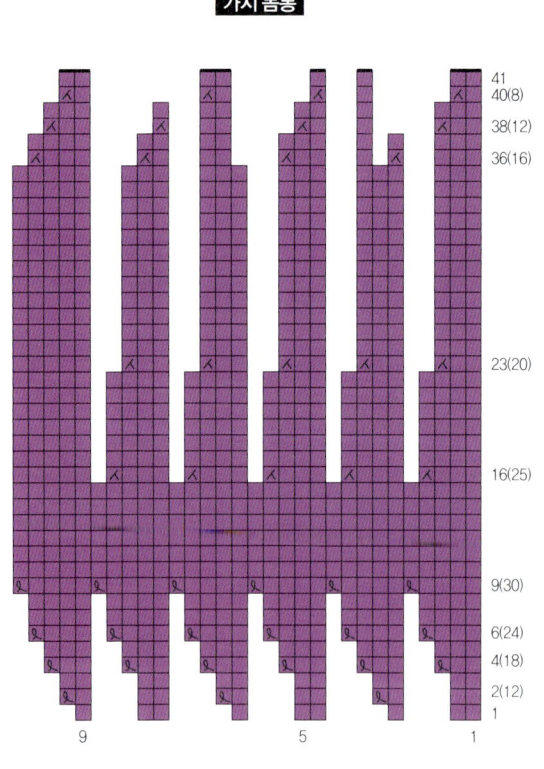

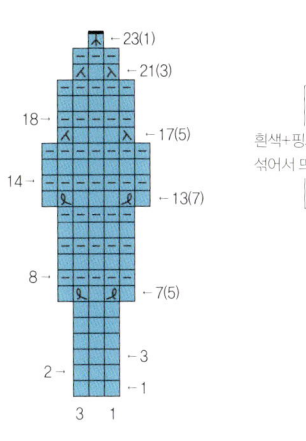
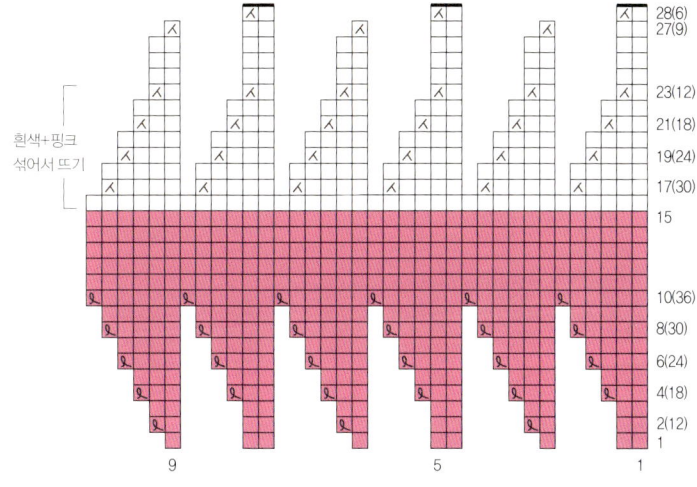

래디쉬

재료

실 뿌리 – Hamanaka_Nenne 6번, 2번
  잎 – Lang_Novena 79번
도구 양끝이 뾰족한 3mm 장갑용 대바늘 다섯 개, 코바늘 레이스용 8호, 솜, 돗바늘, 단코표시링, 옷핀, 자수실 약간

뜨는방법

1 뿌리는 중간에 컬러가 자연스럽게 그라데이션 되도록 만들어주어야 한다. 핑크실을 겉과 안에서 한 줄씩 뽑아 두 줄 잡고 도안대로 원형뜨기한다.
2 16단부터 핑크실을 한 줄 끊고 흰실을 한 줄 연결하여 컬러를 섞어서 뜬다. 24단부터는 핑크실을 끊고 흰실 두 줄로 뜬다.
3 도안대로 다 뜨고 솜을 적당히 채운 후 돗바늘로 위 아래를 막는다.
4 잎을 평뜨기로 도안대로 세 개 만들고, 코바늘로 눈 두 개도 미리 만든다. 바느질을 위해 꼬리실은 여유있게 남긴다.
5 잎은 뿌리 중심에 한 개씩 튼튼하게 바느질한다. 눈도 바느질하고 입은 자수로 표현한 후 옷핀을 달아준다.

파

재료

실 파, 줄기 – Kpc Gossyp DK_Ivory, Billiard / Daily Wool 28번
  수염 – Kpc Gossyp DK_Inca
도구 양끝이 뾰족한 3mm 장갑용 대바늘 다섯 개, 코바늘 레이스용 8호, 솜, 돗바늘, 단코표시링, 옷핀, 자수실 약간

뜨는방법

1 파는 도안대로 원형뜨기한다. 솜을 적당히 채운 후 돗바늘로 위 아래를 막아준다.
2 줄기는 평뜨기로 세 개 만들고, 코바늘로 눈 두 개도 미리 만든다. 바느질을 위해서 꼬리실은 여유있게 남긴다.
3 잎을 끝부분의 적당한 위치에 튼튼하게 바느질한다. 눈도 바느질하고 입을 자수로 표현한 후 옷핀을 단다. 수염을 표현한다.

가지

재료

실 가지 – Kpc Gossyp DK_Smoky Grape
  꼭지 – Kpc Gossyp DK_Sulphur
도구 양끝이 뾰족한 3mm 장갑용 대바늘 다섯 개, 코바늘 레이스용 8호, 솜, 돗바늘, 단코표시링, 키링, 자수실 약간

뜨는방법

1 가지는 도안대로 원형뜨기하고 솜을 적당히 채운 후 돗바늘로 위 아래를 막아준다.
2 꼭지는 아이코드뜨기로 6단을 뜨고, 두 코씩 세 조각으로 나누어 각각 도안대로 평뜨기한다. 코바늘로 눈 두 개도 미리 만든다. 바느질을 위해서 꼬리실은 여유있게 남긴다.
3 꼭지를 가지의 중앙에 튼튼하게 바느질한다. 눈도 바느질하고 입을 자수로 표현한 후 키링을 달아준다.

A 나의 작은 우주 모빌

완성 사이즈 모빌대 11cm, 달 4 x 9cm
이미지 Page 068

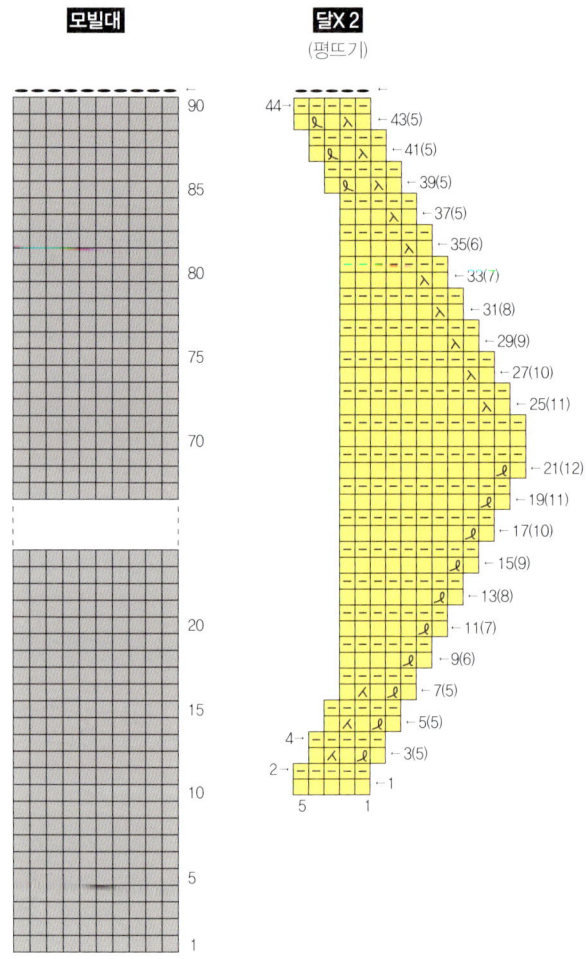

모빌대

재료

실 모빌대 - KPC Gossyp DK_Black Ice
도구 양끝이 뾰족한 4mm 장갑용 대바늘 다섯 개, 돗바늘, 솜, 낚시줄

뜨는방법

1 실을 한 줄로 잡아 10코를 만든 후 원형뜨기로 90단 겉뜨기 하고 코막음한다.
2 솜을 넣고 원형의 양 끝을 마주댄 후 돗바늘을 이용하여 바느질로 연결한다.
3 모빌의 각 파트와 모빌대를 낚시줄로 자유로운 위치에 연결한다.

달

재료

실 달 Lang_Quattro 13번
도구 3mm 대바늘, 돗바늘, 솜

뜨는방법

1 실을 한 술로 십아 5코를 만든 후 편뜨기로 가터뜨기하다.
2 코만들기와 코줄이기를 규칙적으로 하여 형태를 만든다.
3 코막음으로 마무리한 후, 똑같은 모양으로 하나 더 뜬다.
4 돗바늘로 두 면을 포개어 바느질해 입체를 만든다.
5 바느질을 마무리하기 전에 솜을 채우고 구멍을 막는다.

Ⓐ 나의 작은 우주 모빌

완성 사이즈 지구(수성) 7.5 x 7.5cm, 화성 5.5cm x 5.5cm
이미지 Page 068

지구, 수성

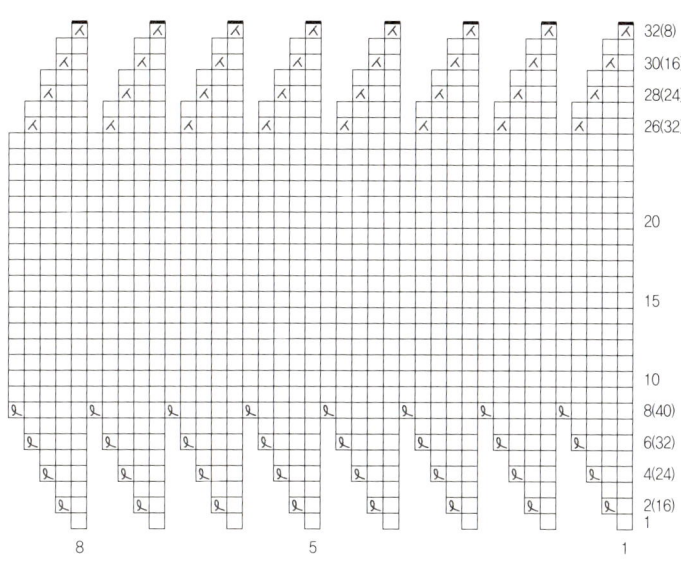

화성

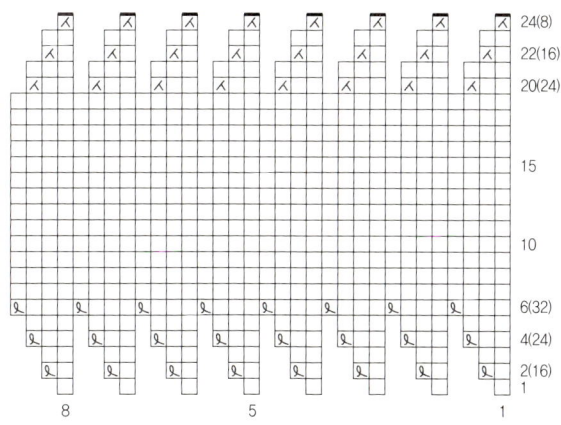

재료
실 지구 – Lang_Baby Cotton 16번, 79번
　　화성 – Lang_Baby Cotton 19번, 28번
　　수성 – Lang_Baby Cotton 70번
도구 양끝이 뾰족한 3mm(수성), 4mm(지구, 화성), 장갑용 대바늘 다섯 개, 돗바늘, 솜, 자수실 약간

뜨는 방법
지구
1 실을 겉에서 한 줄, 안쪽에서 한 줄 뽑아 두 줄로 8코를 만들고, 바늘 세 개에 나눠 도안대로 원형뜨기한다.
2 왼코만들기를 규칙적으로 하며 콧수를 늘려서 형태를 키운다.
3 40코가 만들어지면 콧수를 유지하며 겉뜨기로 뜬다.
4 왼코줄이기를 규칙적으로 해서 형태를 8코까지 줄인다.
5 돗바늘에 꼬리실을 끼워 남아있는 8코에 통과시켜서 코가 빠지지 않도록 한다.
6 솜을 채우고 꼬리실을 잡아당기고 실을 마무리한 후, 반대쪽 구멍도 돗바늘로 막는다. 중간중간 원하는 부분에서 배색뜨기하여 컬러가 자연스럽게 그라데이션 되도록 만든다(Page 042 참조).

화성
1 실을 겉에서 한 줄, 안쪽에서 한 줄 뽑아 두 줄로 만들고, 바늘 세 개에 나눠 도안대로 원형뜨기한다.
2 왼코 만들기를 규칙적으로 해서 형태를 키운다.
3 32코가 만들어지면 콧수를 유지하며 겉뜨기로 뜬다.
4 왼코줄이기를 규칙적으로 하며 콧수를 줄인다.
5 돗바늘에 꼬리실을 끼워 남아있는 8코에 통과시켜서 코가 빠지지 않도록 한다.
6 솜을 채우고 꼬리실을 잡아당기고 실을 마무리한 후, 반대쪽 구멍도 돗바늘로 막는다. 중간중간 원하는 부분에서 배색뜨기하여 컬러가 자연스럽게 그라데이션 되도록 만든다(Page 042 참조).

수성
1 실을 한 줄로 잡아 8코를 만들고, 바늘 세 개에 나눠 도안대로 원형뜨기한다.
2 왼코만들기를 규칙적으로 해서 형태를 키운다.
3 40코가 만들어지면 콧수를 유지하며 겉뜨기로 뜬다.
4 왼코줄이기를 규칙적으로 하며 콧수를 줄인다.
5 돗바늘에 꼬리실을 끼워 남아있는 8코에 통과시켜서 코가 빠지지 않도록 한다.
6. 솜을 채우고 꼬리실을 잡아당기고 실을 마무리한 후, 반대쪽 구멍도 돗바늘로 막는다. 자수실로 겉면에 별무늬를 수놓는다.

Ⓐ 나의 작은 우주 모빌

완성 사이즈 7.5 x 13cm
이미지 Page 068

로켓 몸체

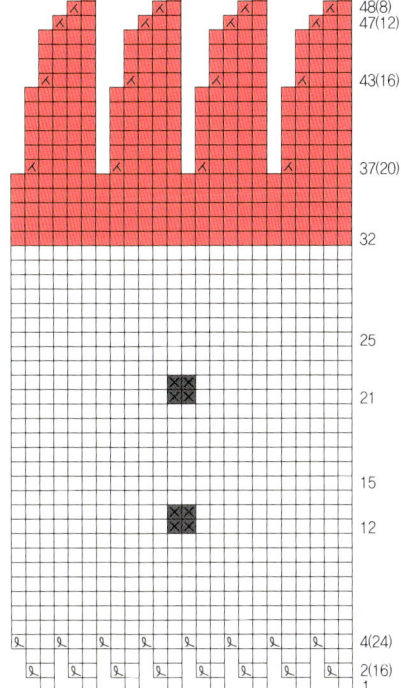

로켓 날개 X 2
(평뜨기)

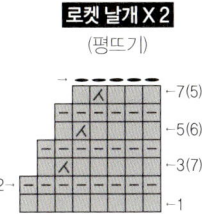

재료

실 몸체 – KPC Gossyp DK_Pearl, Flame
　　날개 – KPC Gossyp DK_Black Ice
　　창문 자수 – KPC Gossyp DK_Black
도구 양끝이 뾰족한 3mm 장갑용 대바늘 다섯 개, 돗바늘, 단코표시링, 솜

뜨는 방법

1 몸체는 8코를 만들어 바늘 세 개에 나누고 도안대로 원형뜨기한다.
2 원코만들기를 규칙적으로 하며 콧수를 늘려서 형태를 키운다.
3 24코가 만들어지면 콧수를 유지하며 겉뜨기로 뜬다.
4 색상을 바꿔 겉뜨기로 뜨다가 콧수를 줄인다.
5 돗바늘에 꼬리실을 끼워 남아있는 4코에 통과시켜서 코가 빠지지 않도록 한다.
6 솜을 채우고 꼬리실을 잡아당기고 실을 마무리한 후 반대쪽 구멍도 돗바늘로 막는다.
7 평뜨기로 날개를 두 개 만들어서 로켓 몸체의 알맞은 위치에 양쪽 대칭이 되도록 바느질 한다. 창문은 뜨개자수로 표현한다.

A 파인애플 키링

완성 사이즈 3.5 x 8cm
이미지 Page 070

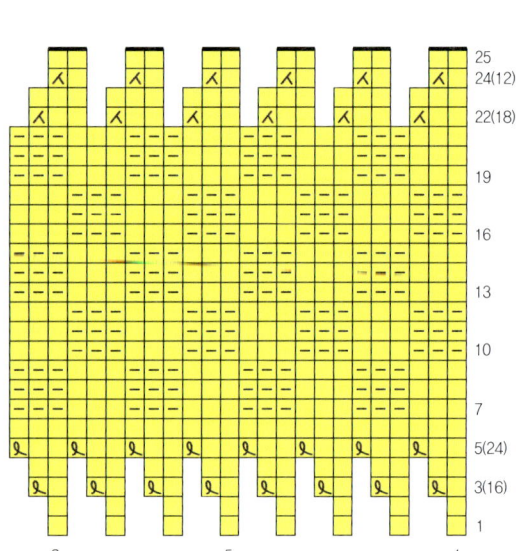

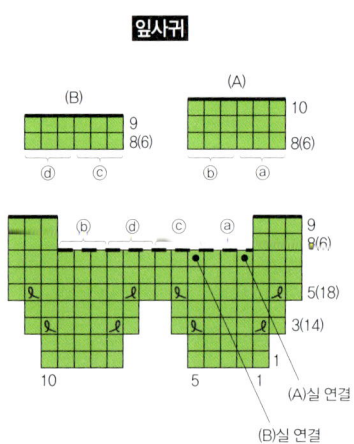

재료

실 몸통 – KPC Gossyp DK_Sulphur
　　 잎사귀 – KPC Gossyp DK_Mint
도구 양끝이 뾰족한 3mm 장갑용 대바늘 다섯 개, 돗바늘, 솜, 액세서리 부속품

뜨는방법

잎사귀

1 시작코로 10코를 만들고 원형뜨기한다. 몸통에 바느질 할 실이 필요하므로 코를 만들 때 꼬리실을 여유있게 남긴다.
2 7단까지 도안대로 뜨고 표시된 지점의 12코를 쉼코로 빼둔다. 나머지 6코만 원형뜨기로 도안대로 계속 뜬다.
3 꼬리실만 조금 남기고 실을 자른다. 꼬리실을 남아있는 6코에 두 바퀴 통과시키고 잡아당겨서 코가 빠지지 않도록 마무리한다.
4 쉼코로 빼 둔 중간 6코(A부분:ⓐ+ⓑ부분)를 바늘에 다시 옮기고 새로 실을 연결하여 원형뜨기로 앞판에서부터 뜬다. 마무리는 **3**과 똑같이 한다. 마지막 6코(B부분:ⓒ+ⓓ부분)도 같은 방법으로 뜬다.
5 잎과 잎 사이의 구멍을 막는다. 꼬리실을 구멍의 4면에 두 바퀴 통과시킨 후 잡아당긴다(Page 051 참조).

몸통

1 시작코로 8코를 만들고 원형뜨기한다.
2 5단까지는 콧수를 늘린다. 7단부터 21단까지 파인애플 텍스처 표현을 위해 안뜨기를 도안대로 병행한다.
3 콧수를 줄인다. 돗바늘에 꼬리실을 끼워 남아있는 12코에 통과시켜 코가 빠지지 않도록 한다.
4 솜을 채우고 꼬리실을 잡아당기고 실을 마무리한 후 반대쪽 구멍도 막는다.
5 잎을 몸통에 바느질해서 마무리한다.

마무리

실 정리를 하고 열쇠고리를 달아 완성한다.

A 플라밍고 키링

완성 사이즈 7 x 7.5cm
이미지 Page 071

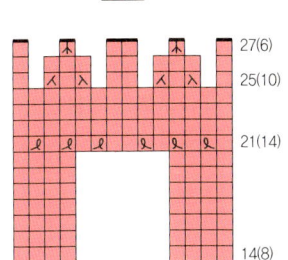
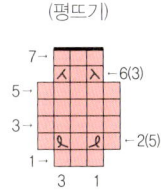
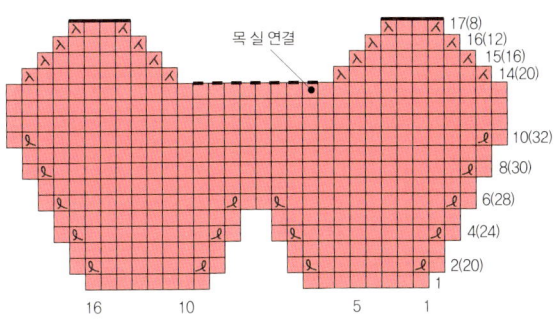
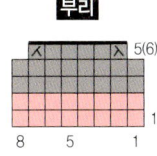

재료

실 몸통 − KPC Gossyp DK_Candy
  날개, 부리 − KPC Gossyp DK_Ballerina
  부리 끝 − KPC Gossyp DK_Black
도구 양끝이 뾰족한 3mm 장갑용 대바늘 다섯 개, 돗바늘, 솜, 액세서리 부속품, 자수실 약간

뜨는 방법

몸통
1 시작코로 16코를 만들고 원형뜨기한다. 바느질을 위해 코잡을 때 꼬리실을 여유있게 남긴다.
2 도안대로 13단까지 뜨고 표시된 지점의 8코를 쉼코로 빼둔다. 나머지 24코만 원형뜨기로 도안대로 계속 뜬다.
3 17단까지 다 뜨면 꼬리실만 조금 남기고 실을 자른다. 돗바늘을 사용하여 꼬리실을 남아있는 8코에 두 바퀴 통과시켜 잡아당기고 실을 마무리한다.
4 쉼코로 빼뒀던 8코를 바늘에 옮기고 원형뜨기로 도안대로 뜬다.
5 27단까지 다 뜨면 꼬리실만 조금 남기고 실을 자른다. 돗바늘을 사용하여 꼬리실을 남아있는 6코에 통과시킨후 잡아당겨서 마무리한다.
6 솜을 채우고 목과 몸 사이의 구멍과 바닥 부분을 바느질로 막는다.

부리
1 시작코로 8코를 만들어서 도안대로 원형뜨기한다. 3단부터 실 색상을 바꿔준다. 5단까지 다 뜨면 남은 코를 꼬리실에 통과시켜 잡아당기고 실을 마무리 한다.

날개
1 시작코로 3코를 만들고 평뜨기로 뜬다. **point** 첫 단을 안뜨기로 시작한다.
2 도안대로 뜨고 남은 코들을 꼬리실에 통과시켜 잡아당기고 실을 마무리 한다.
3 총 두 개를 만든다.

마무리
플라밍고의 몸체에 부리와 양쪽 날개를 바느질 한다. 눈을 자수로 표현하고(이미지 사진 참조) 열쇠고리를 달아서 완성한다.

B 리틀 버니

완성 사이즈 14 x 26cm(게이지:5 x 5cm-11.5코 x 16단)
이미지 Page 076

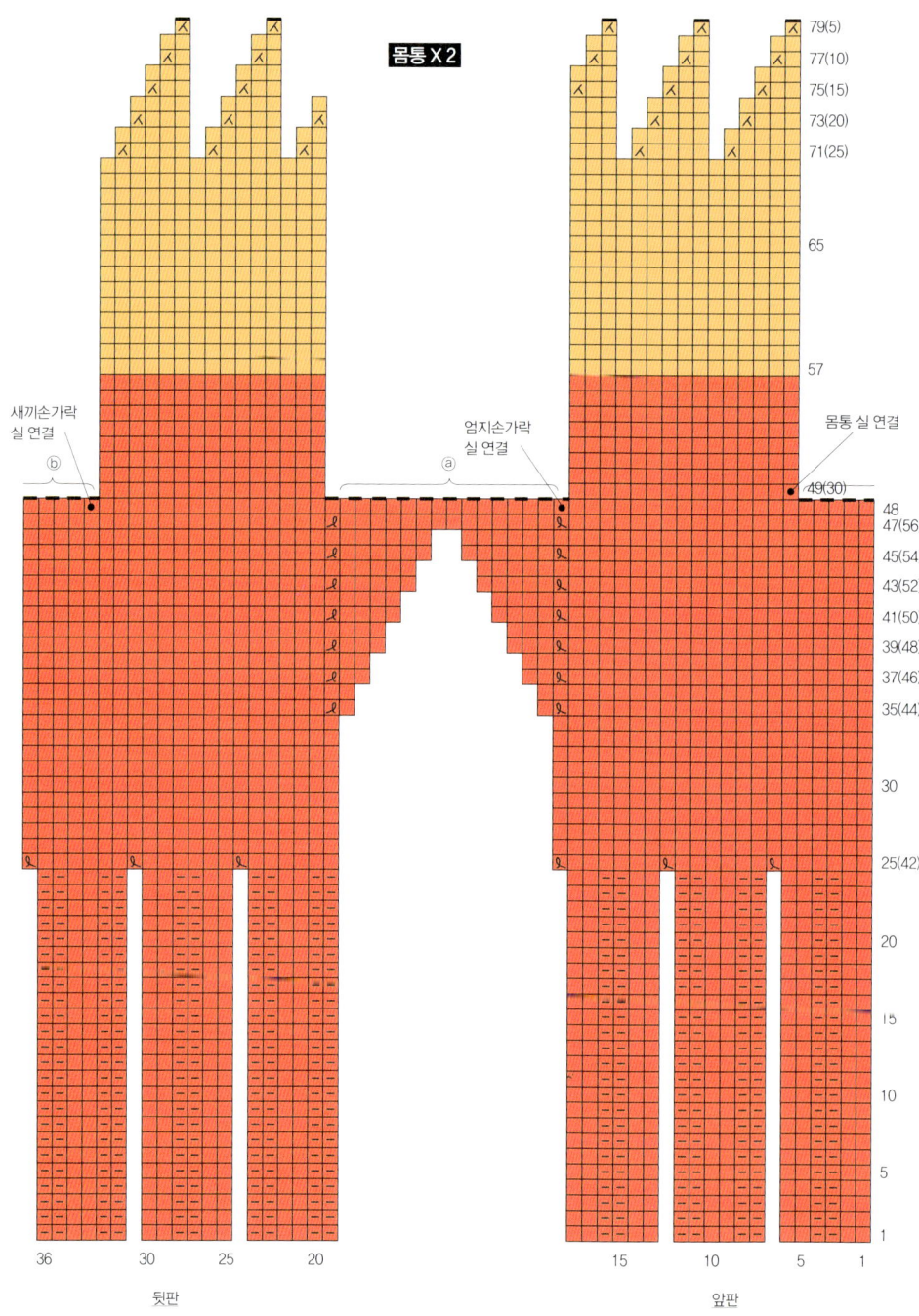

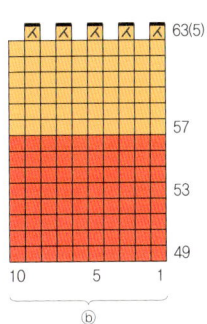

새끼손가락 X 2

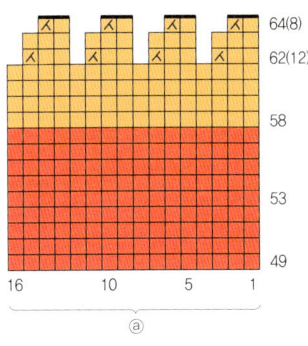

엄지손가락 X 2

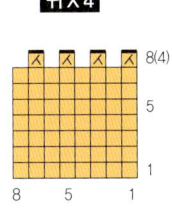

귀 X 4

재료

실 귀, 몸통 – 손가락 윗부분 : Lang_Italian Tweed 26번(한쌍 기준 135m, 1/3타래)
몸통 – 손가락 아랫부분 : Lang_Yak 29번(한쌍 기준 130m, 1타래 반)

도구 양끝이 뾰족한 4mm 장갑용 대바늘 다섯 개, 코바늘(모사용 3호와 레이스용 8호), 돗바늘, 단코표시링, 자수실 약간

뜨는방법

1 앞뒤가 뾰족한 바늘에 시작코를 36코 만든다.
2 코들을 세 개의 바늘에 나눈다. 꼬리실이 걸린 마지막 코가 오른쪽에 오도록 삼각형으로 바늘을 배치한다. 콧수 계산을 쉽게 하기위해 18/9/9로 나누며, 안뜨기 방향으로 빼서 옮긴다.
3 원형뜨기로 2코 고무뜨기한다.
4 24단을 2코 고무뜨기한다(손목 부분). tip 손목 부분을 더 길게 하고 싶으면 단을 원하는 길이만큼 추가한다.
5 25단에서 [겉뜨기 6코, 왼코만들기]를 6번 반복하여 전체 코를 42코로 만든다.
6 9단을 콧수 변동 없이 겉뜨기 한다.
7 35단부터 도안에 표시된 지점에서 규칙적으로 코만들기를 하여 엄지손가락을 만든다.
8 48단까지 다 뜨면 실을 한 뼘 정도 남기고 자른다.
9 비슷한 두께의 다른 실을 두 뼘 정도의 길이로 두 개 준비한다. 엄지손가락(ⓐ)과 새끼손가락(ⓑ)에 해당하는 쉼코를 빼둔다. tip 코가 빠지지 않도록 매듭을 꼭 지어둔다.
10 쉼코를 제외한 나머지 30코에 새로 실을 연결하여 원형뜨기한다.
11 8단을 뜨고 실 색상을 바꾼다.
12 도안대로 뜨고 남은 코를 꼬리실로 두 바퀴 통과시켜 잡아당기고 실을 정리한다.
13 쉼코로 빼 둔 엄지손가락 16코(ⓐ)를 바늘에 다시 옮기고 새로 실을 연결하여 원형뜨기로 앞판에서부터 뜬다. 새로 실을 연결할 때 꼬리실을 넉넉히 남긴다.
14 도안대로 뜨고 남은 코를 꼬리실로 두 바퀴 통과시켜 잡아당기고 실을 정리한다.
15 쉼코로 빼 둔 새끼손가락 10코(ⓑ)를 바늘에 다시 옮기고 새로 실을 연결하여 원형뜨기로 뒷판에서부터 뜬다. 새로 실을 연결할 때 꼬리실을 넉넉히 남긴다.
16 도안대로 뜨고 남은 코를 꼬리실로 두 바퀴 통과시켜 잡아당기고 실을 정리한다.
17 몸통과 손가락 사이의 구멍도 막는다. 꼬리실을 앞판→얼굴→뒷판→손가락 순서로 4면에 두 바퀴 통과시킨 후 잡아당긴다. 실을 정리한다(Page 051참조).
18 위와 같은 작업을 똑같이 반복해서 한 짝을 더 만들고 전체 실 정리를 한다.
19 귀는 원형뜨기로 도안대로 네 개를 만들고, 남은 코는 꼬리실로 두 바퀴 통과시켜 잡아당기고 실을 정리한다. 코를 만들 때 꼬리실을 여유있게 남긴다.
20 귀를 몸통의 알맞은 위치에 바느질 한다.
21 눈 네 개와 코 두 개를 코바늘로 만든다(Page 035~037 참조). 얼굴의 알맞은 위치에 각각 바느질한다. 인손, 오른손을 꼭 구분하여야 하므로 왼손은 뒷판에, 오른손은 앞판에 바느질한다.
22 수염을 수놓는다.

B 슈퍼 팬더

완성 사이즈 12 x 21cm(게이지:5 x 5cm-12코 x 20단)
이미지 Page 078

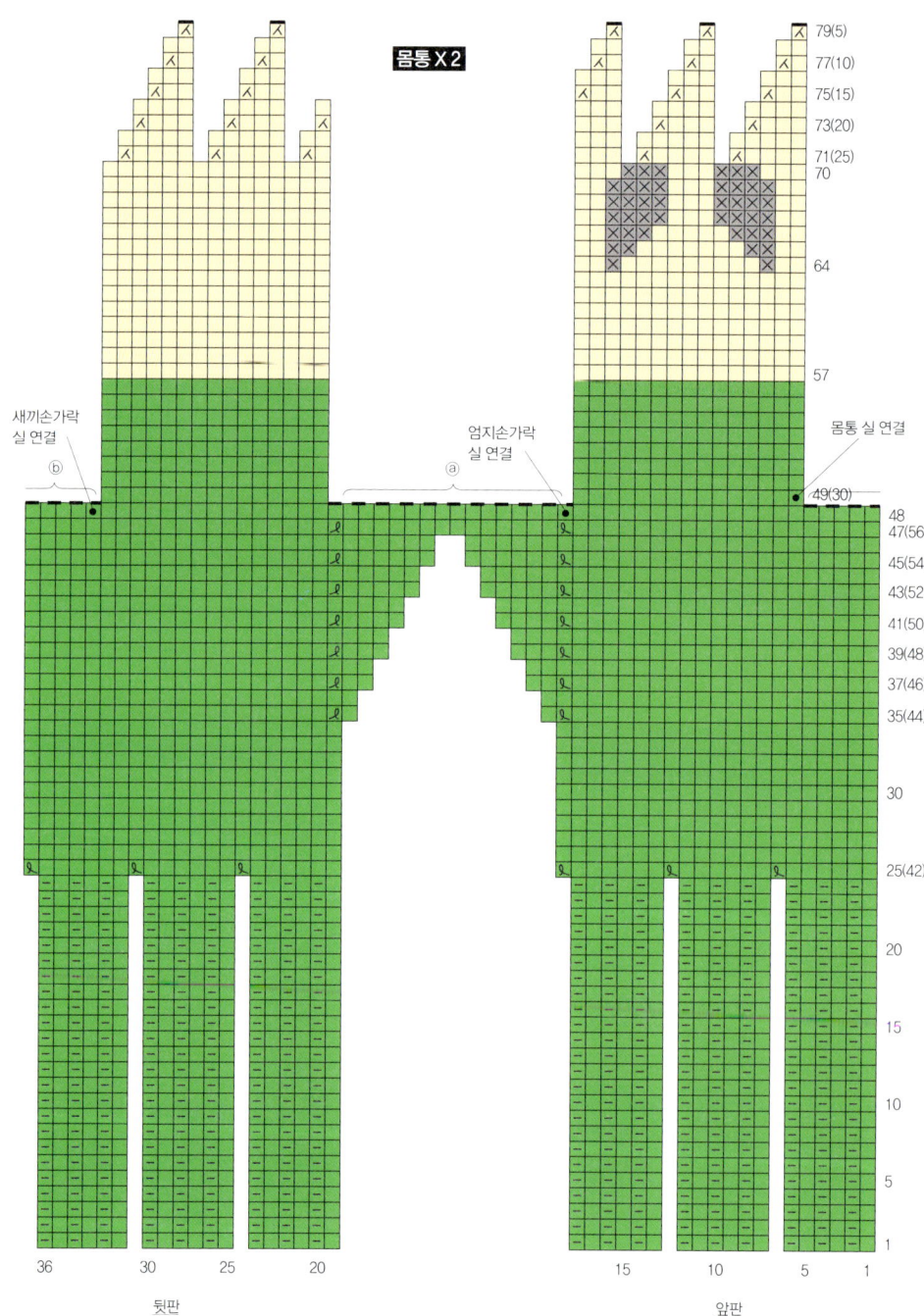

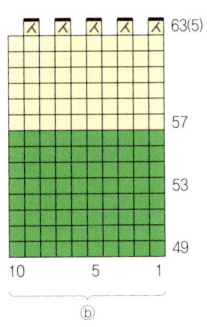

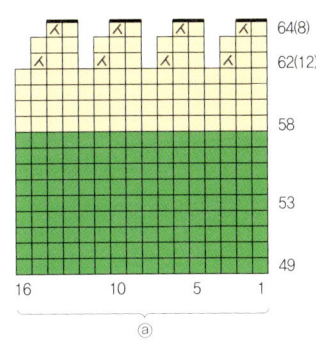

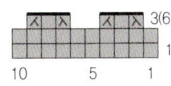

재료

실 몸통 – 손가락 윗부분 : Lang_Nova 2두 번(한쌍 기준 180m, 1/3타래 – 두 줄 잡고 떴을 경우), 손가락 아랫부분 : Lang_Nova 16번(한쌍 기준 180m, 1타래 반 – 두 줄 잡고 떴을 경우)
귀, 눈 자수 – Hamanaka_Exeed Wool 230번

도구 양끝이 뾰족한 4mm 장갑용 대바늘 다섯 개, 코바늘(모사용 3호와 레이스용 8호), 돗바늘, 단코표시링, 자수실 약간

뜨는 방법

1 앞뒤가 뾰족한 바늘에 시작코를 36코 만든다.
2 코들을 세 개의 바늘에 나눈다. 꼬리실이 걸린 마지막 코가 오른쪽에 오도록 삼각형으로 바늘을 배치한다. 콧수 계산을 쉽게 하기위해 18/9/9로 나누며, 안뜨기 방향으로 빼서 옮긴다.
3 원형뜨기로 1코 고무뜨기한다.
4 24단을 1코 고무뜨기로 뜬다(손목 부분). *tip* 손목 부분을 더 길게 하고 싶으면 단을 원하는 길이만큼 추가한다.
5 25단에서 [겉뜨기 6코, 왼코만들기]를 6번 반복하여 전체 코를 42코로 만든다.
6 9단을 콧수 변동 없이 겉뜨기 한다.
7 35단부터 규칙적으로 코만들기를 하여 엄지손가락을 만든다.
8 48단까지 다 뜨면 실을 한 뼘 정도 남기고 자른다.
9 비슷한 두께의 다른 실을 두 뼘 정도의 길이로 두 개 준비한다. 엄지손가락(ⓐ)과 새끼손가락(ⓑ)에 해당하는 쉼코를 빼둔다. *tip* 코가 빠지지 않도록 매듭을 꼭 지어둔다.
10 쉼코를 제외한 나머지 30코에 새로 실을 연결하여 원형뜨기한다.
11 8단을 뜨고 실 색상을 바꾼다.
12 도안대로 뜨고 남은 코를 꼬리실로 두 바퀴 통과시켜 잡아당기고 실을 정리한다.
13 쉼코로 빼 둔 엄지손가락 16코(ⓐ)를 바늘에 다시 옮기고 새로 실을 연결하여 원형뜨기로 앞판에서부터 뜬다. 새로 실을 연결할 때 꼬리실을 넉넉히 남긴다.
14 도안대로 뜨고 남은 코를 꼬리실로 두 바퀴 통과시켜 잡아당기고 실을 정리한다.
15 쉼코로 빼 둔 새끼손가락에 해당하는 10코(ⓑ)를 바늘에 다시 옮기고 새로 실을 연결하여 원형뜨기로 뒷판에서부터 뜬다. 새로 실을 연결할 때 꼬리실을 넉넉히 남긴다.
16 도안대로 뜨고 남은 코를 꼬리실로 두 바퀴 통과시켜 잡아당기고 실을 정리한다.
17 몸통과 손가락 사이의 구멍도 막는다. 꼬리실을 앞판→얼굴→뒷판→손가락 순서로 4면에 두 바퀴 통과시킨 후 잡아당기고 실을 정리한다 (Page 051 참조).
18 위와 같은 작업을 똑같이 반복해서 한 짝을 더 만들고 전체 실 정리를 한다.
19 귀는 원형뜨기로 도안대로 네 개를 만든다. 남은 코는 꼬리실로 두 바퀴 통과시켜 잡아당기고 실을 정리한다. 코를 만들 때 꼬리실을 여유있게 남긴다.
20 귀를 몸통의 알맞은 위치에 바느질 한다.
21 판다의 눈무늬를 뜨개 자수로 표현한다. *point* 왼손은 뒷판에, 오른손은 앞판에 바느질한다.
22 눈 네 개와 코 두 개를 코바늘루 만들고 알맞은 위치에 바느질해 완성한다(Page 035~037 참조).

Ⓑ 넌 고릴라

완성 사이즈 14 x 26cm(게이지:5 x 5cm-10.5코 x 15단)
이미지 Page 080

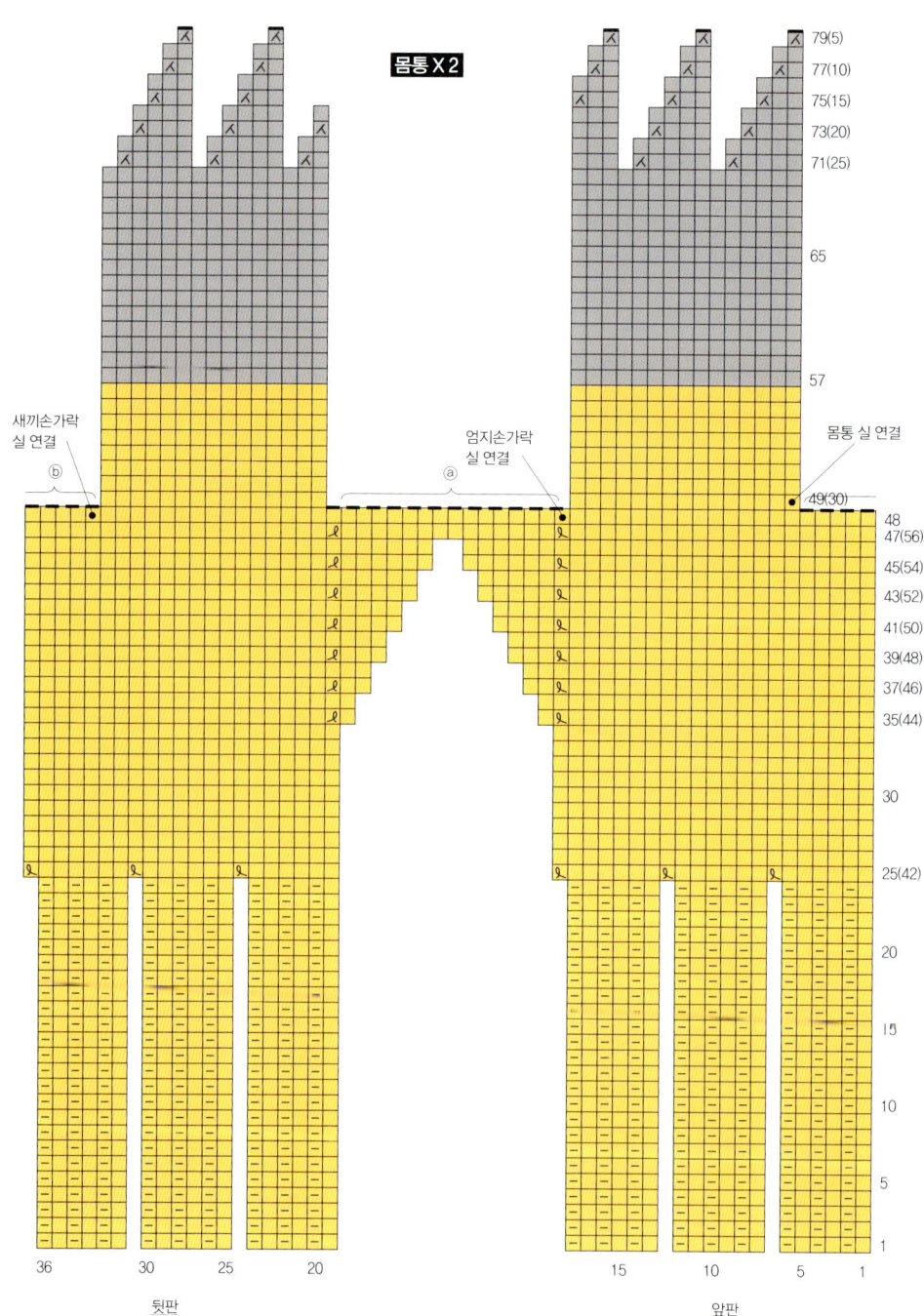

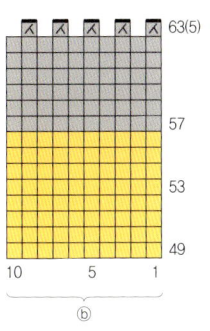
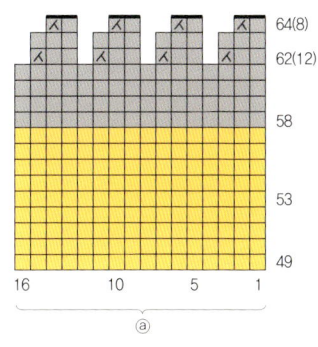
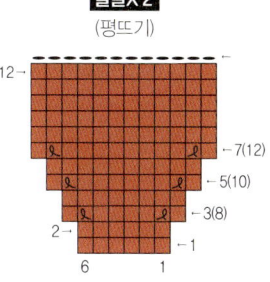

재료

실 몸통 – 손가락 윗부분 : Lang_Yak 3번(한쌍 기준 130m, 1타래 반), 손가락 아랫부분 : Lang_Merino+111번(한쌍 기준 90m, 2타래) 얼굴 – Lang_Yak 1다섯 번

도구 양끝이 뾰족한 4mm 장갑용 대바늘 다섯 개, 코바늘(레이스용 8호), 돗바늘, 단코표시링, 자수실 약간

뜨는방법

1 앞뒤가 뾰족한 바늘에 시작코를 36코 만든다.
2 코들을 세 개의 바늘에 나눈다. 꼬리실이 걸린 마지막 코가 오른쪽에 오도록 삼각형으로 바늘을 배치한다. 콧수 계산을 쉽게 하기 위해 18/9/9로 나누며 안뜨기 방향으로 빼서 옮긴다.
3 원형뜨기로 1코 고무뜨기한다.
4 24단을 1코 고무뜨기로 뜬다(손목 부분). tip 손목 부분을 더 길게 하고 싶으면 단을 원하는 길이만큼 추가한다.
5 25단에서 [겉뜨기 6코, 왼코 만들기]를 6번 반복하여 전체 코를 42코로 만든다.
6 9단을 콧수 변동 없이 겉뜨기 한다.
7 35단부터 규칙적으로 코만들기를 하여 엄지손가락을 만든다.
8 48단까지 다 뜨면 실을 한 뼘 정도 남기고 자른다.
9 비슷한 두께의 다른 실을 두 뼘 정도의 길이로 두 개 준비한다. 엄지손가락 ⓐ와 새끼손가락 ⓑ에 해당하는 쉼코를 빼둔다. tip 코가 빠지지 않도록 매듭을 꼭 지어둔다.
10 쉼코를 제외한 나머지 30코에 새로 실을 연결하여 원형뜨기한다.
11 8단을 뜨고 실 색을 바꾼다.
12 도안대로 뜨고 남은 코를 꼬리실로 두 바퀴 통과시켜 잡아당긴 후 실을 정리한다.
13 쉼코로 빼 둔 엄지손가락 16코(ⓐ)를 바늘에 다시 옮기고 새로 실을 연결하여 원형뜨기로 앞판에서부터 뜬다. 새로 실을 연결할 때 꼬리실을 넉넉히 남긴다.
14 도안대로 뜨고 남은 코를 꼬리실로 두 바퀴 통과시켜 잡아당긴 후 실을 정리한다.
15 쉼코로 빼 둔 새끼손가락에 해당하는 10코(ⓑ)를 바늘에 다시 옮기고 새로 실을 연결하여 원형뜨기로 뒷판에서부터 뜬다. tip 새끼손가락과 몸판 사이에 생기는 구멍을 나중에 꼬리실로 막아주어야 하므로 뒷판에서 시작한다. 새로 실을 연결할 때 꼬리실을 넉넉히 남긴다.
16 도안대로 뜨고 남은 코를 꼬리실로 두 바퀴 통과시켜 잡아당긴 후 정리한다.
17 몸통과 손가락 사이의 구멍도 막는다. 꼬리실을 앞판→얼굴→뒤판→손가락 순서로 4면에 두 바퀴 통과시켜 잡아당긴 후 실을 정리한다 (Page 051 참조).
18 위와 같은 작업을 똑같이 반복해서 한 짝을 더 만들고 전체 실을 정리한다.
19 얼굴은 도안을 보며 평뜨기로 두 개를 만든다. 코막음 후에 꼬리실을 여유있게 남긴다.
20 얼굴을 왼손은 뒷판에, 오른손은 앞판에 바느질한다.
21 눈은 코바늘로 네 개 만들고 알맞은 위치에 바느질한다(Page 036~037 참조). 콧구멍과 입은 수놓는다.

Ⓑ 릴라릴라

토끼 장갑과 1~24단까지 동일하고 25단부터는 '넌 고릴라 장갑' 도안과 동일하다.

실 몸통 – 손가락 윗부분 : Lang_Yak 3번 (한쌍 기준 130m, 1/2타래), 손가락 아랫부분 : Lang_Carpe diem 10번 (한쌍 기준 90m, 2타래), 얼굴 – Kpc Glencoul DK_Grizzly bear

C 줄무늬 보리

완성사이즈 17 x 27cm
이미지 Page 086

뜨는 순서 오른쪽 다리→왼쪽 다리→몸통→목→머리→왼쪽 귀→오른쪽 귀→오른팔→왼팔→꼬리

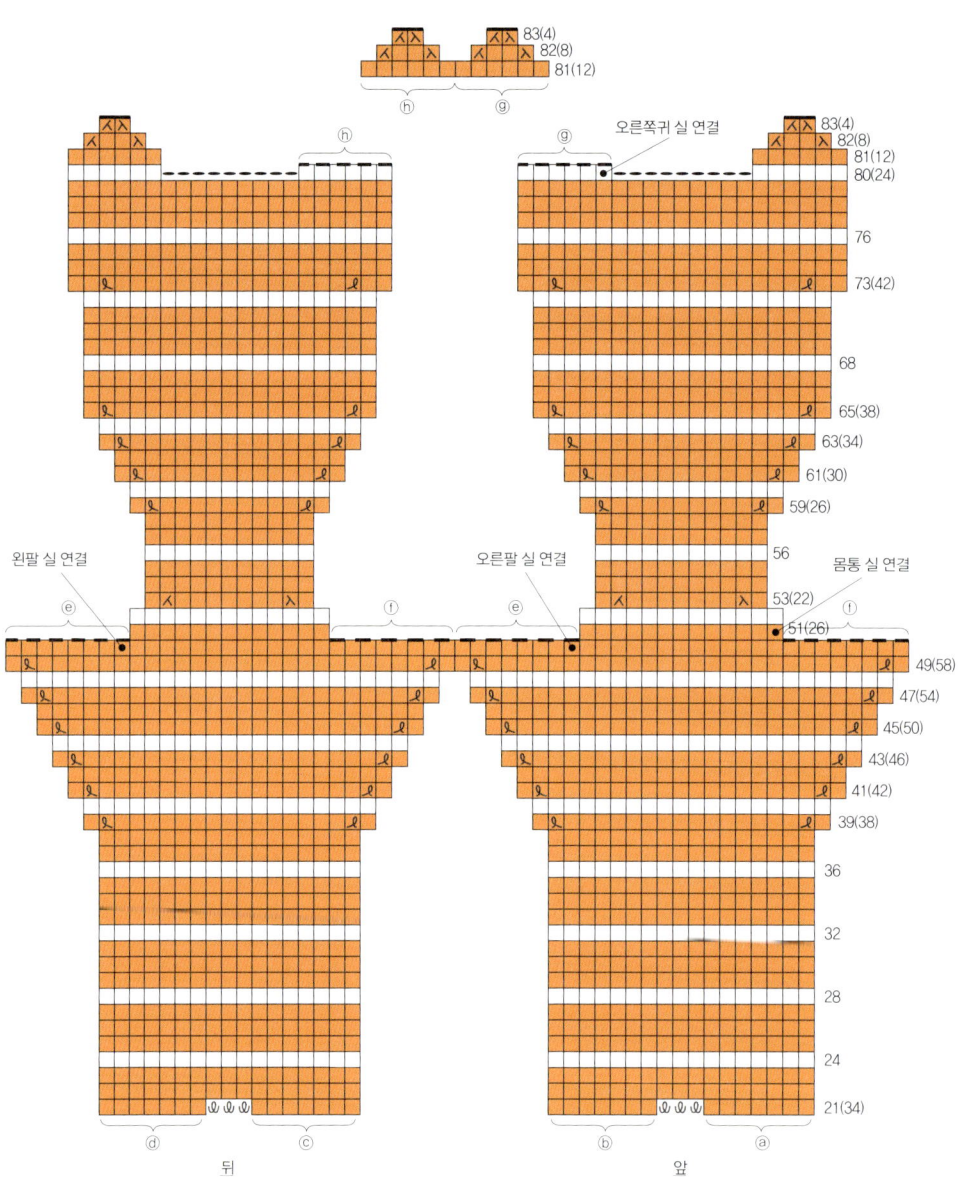

팔 X 2

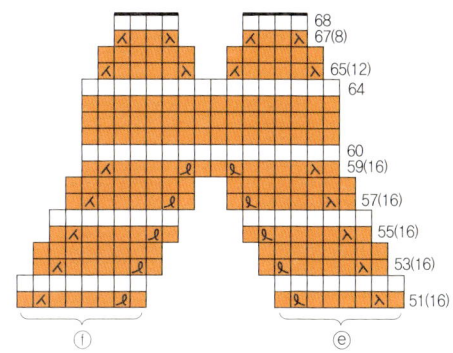

고양이의 오른팔 – 몸통 앞면부터 시작
고양이의 왼팔 – 몸통 뒷면부터 시작

오른쪽 다리   **왼쪽 다리**   **꼬리**

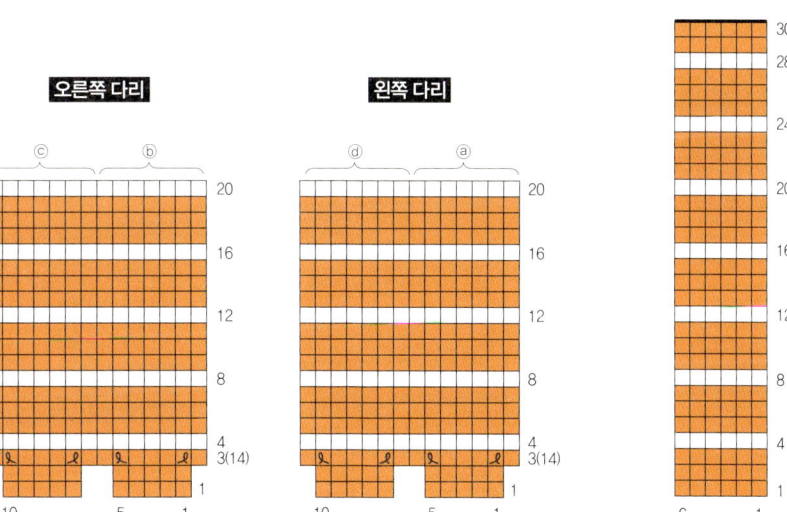

재료

실 바탕 – Richmore_Helsinki 3번(69m, 1타래)
    무늬 – Richmore_Helsinki 1번(69m, 2/3타래)
도구 양끝이 뾰족한 4mm 장갑용 대바늘 다섯 개, 솜, 돗바늘,
단코표시링, 자수실 약간, 퀼팅실 약간

뜨는 방법

과정 사진을 보며 도안대로 만든다(Page 046 참조).

C 코리언 숏 헤어 뽀꼬

완성사이즈 15 x 25cm
이미지 Page 087

뜨는 순서 오른쪽 다리→왼쪽 다리→몸통→목→머리→왼쪽 귀→오른쪽 귀→오른팔→왼팔→꼬리

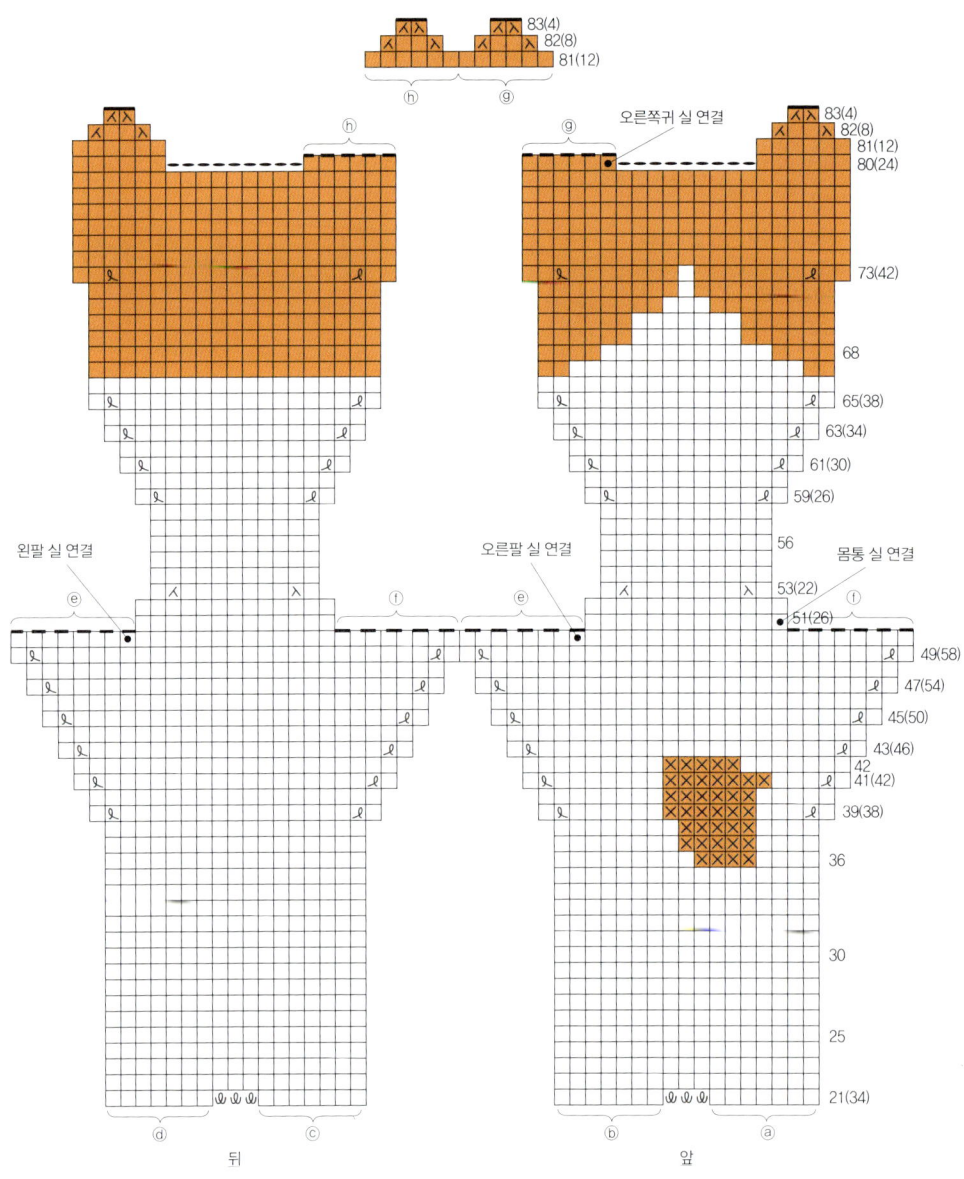

팔 X 2

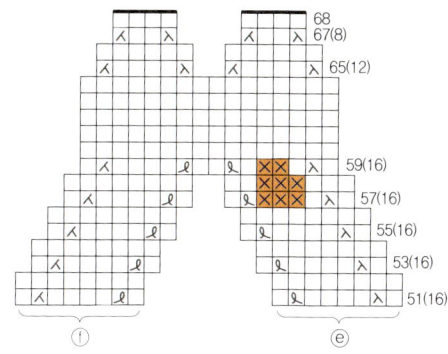

고양이의 오른팔 – 몸통 앞면부터 시작
고양이의 왼팔 – 몸통 뒷면부터 시작

오른쪽 다리 / 왼쪽 다리

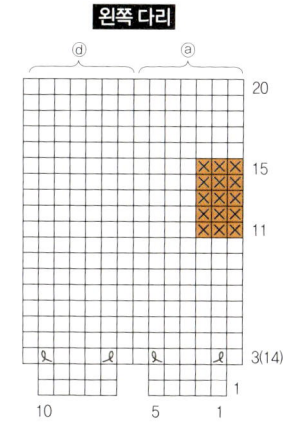

꼬리

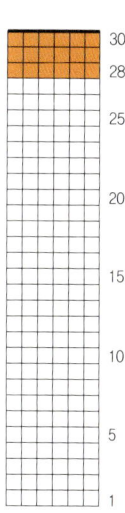

재료

실 바탕 – KPC Glencoul DK_
  Ivory(116m, 2/3타래)
  무늬 – Hamanaka_Sonomono
  73번
도구 양끝이 뾰족한 4mm 장갑용
대바늘 다섯 개, 솜, 돗바늘, 단코
표시링, 자수실 약간

뜨는 방법

1 과정 사진을 보며 도안대로 만든다(Page 046 참조).
2 머리 부분의 무늬는 실 색상을 바꿔가며 배색뜨기로 만들거나 배색뜨기가 힘들다면 뜨개자수로 표현한다.
3 몸에 뜨개자수로 무늬를 넣는다.

C 하얀 미루꾸 & 까만 비토 꼴리오네

완성사이즈 흰고양이 17 x 28cm, 검은고양이 23 x 29cm
이미지 Page 088, 090

뜨는 순서 오른쪽 다리→왼쪽 다리→몸통→목·머리·왼쪽 귀·오른쪽 귀·오른팔·왼팔→꼬리

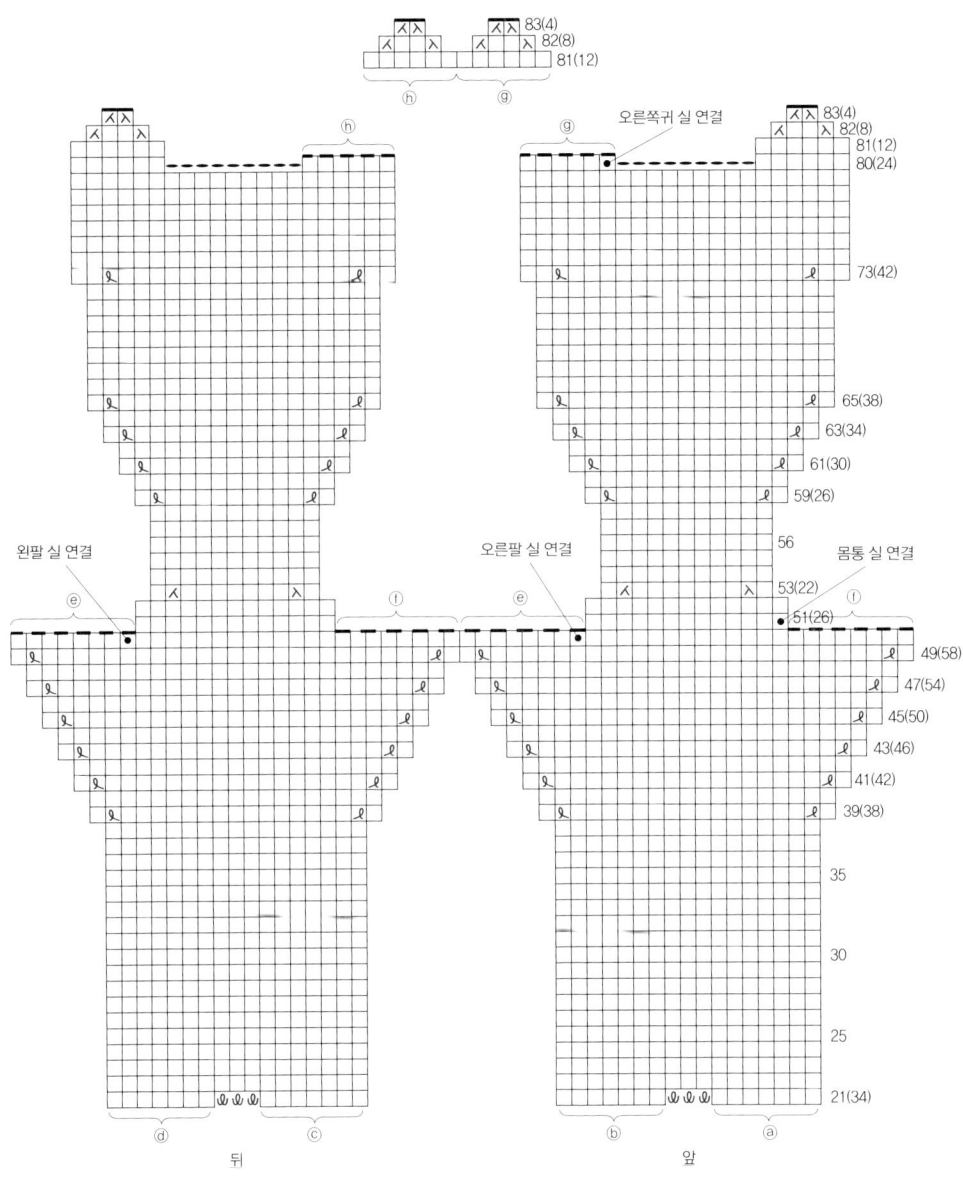

팔 X 2

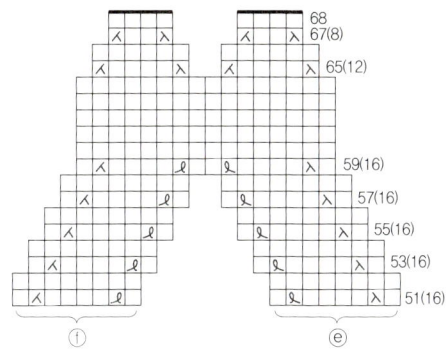

고양이의 오른팔 – 몸통 앞면부터 시작
고양이의 왼팔 – 몸통 뒷면부터 시작

오른쪽 다리

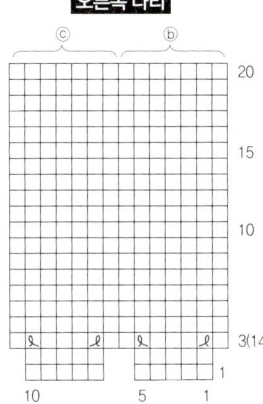

왼쪽 다리

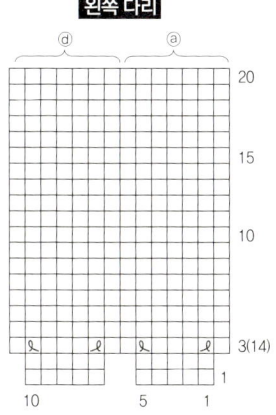

꼬리

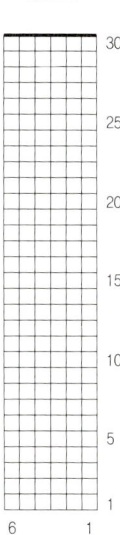

재료

실 흰고양이 – Lang_Carpe
 Diem 94번(90m, 3/4타래)
 검은고양이 – Richmore_ELK
 60번(54m, 1타래)
도구 양끝이 뾰족한 4mm 장갑용 대바늘 다섯 개, 솜, 돗바늘, 단코표시링, 자수실 약간, 퀼팅실 약간

뜨는방법

흰고양이
1 과정 사진을 보며 도안대로 만든다(Page 046 참조).
2 양쪽 눈 색상을 다르게 해서 오드아이로 만든다.

검은고양이
1 과정 사진을 보며 도안대로 만든다(Page 046 참조).
2 수염은 퀼팅실로 여러 겹 겹쳐 표현한다.

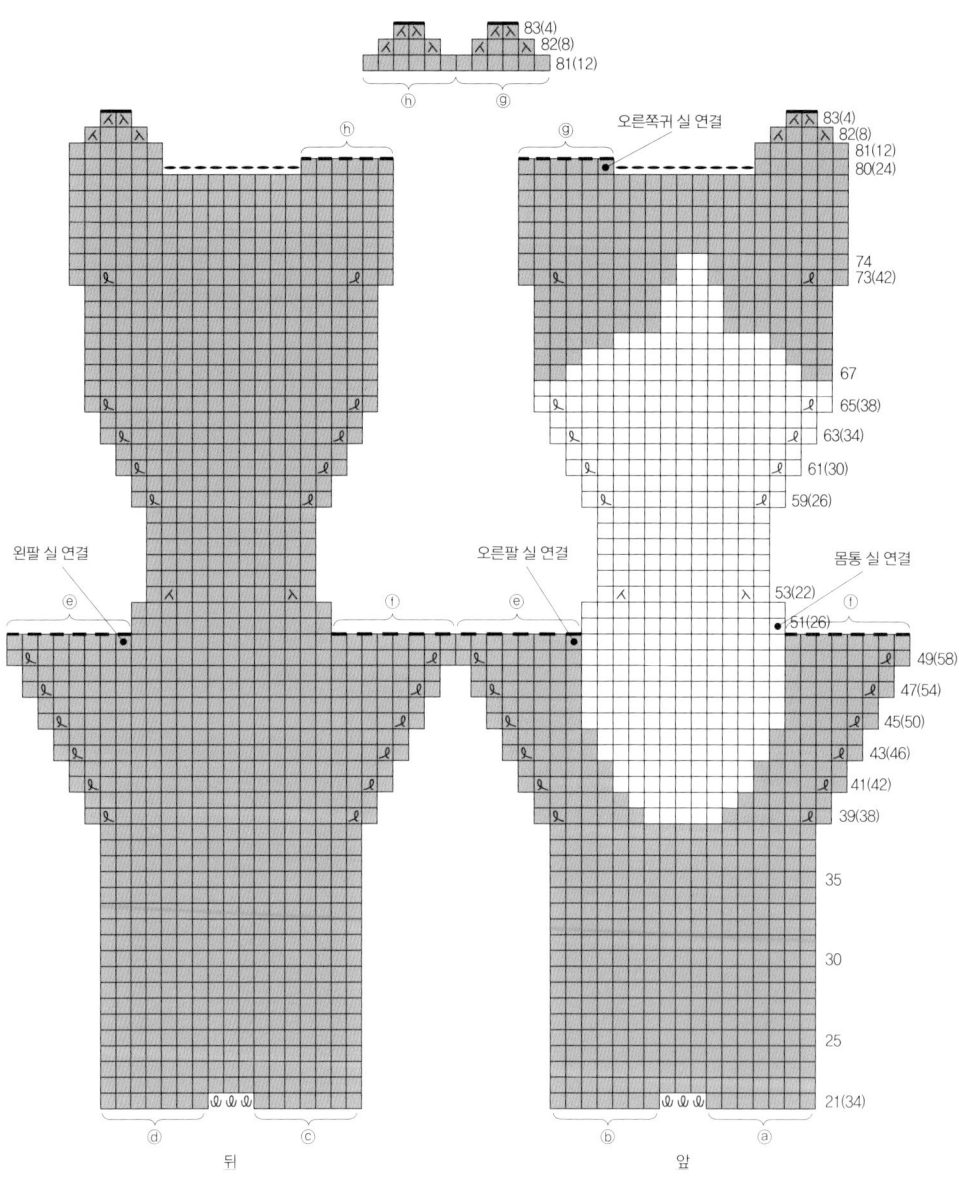

팔 X 2

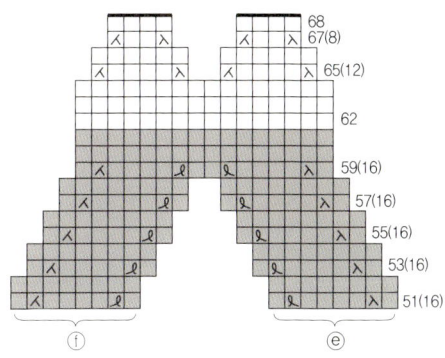

고양이의 오른팔 - 몸통 앞면부터 시작
고양이의 왼팔 - 몸통 뒷면부터 시작

오른쪽 다리   **왼쪽 다리**   **꼬리**

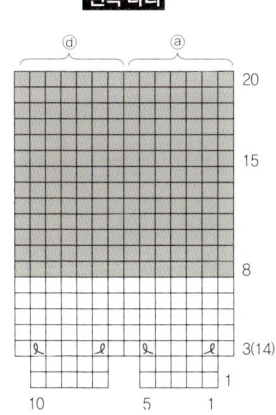
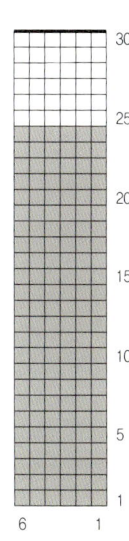

재료

실 바탕 - Hamanaka_Exeed wool FL 230번(130m, 2/3타래)
    흰무늬 - Lang_Yak 94번
도구 양끝이 뾰족한 4mm 장갑용 대바늘 다섯 개, 솜, 돗바늘, 단코표시링, 자수실 약간

뜨는방법

1 과정 사진을 참고하여 도안대로 만든다(Page 046 참조).
2 머리 부분과 배 부분의 무늬는 실 색상을 바꿔가며 뜨는 배색뜨기한다. 배색뜨기가 힘들다면 뜨개자수로 표현한다.

C 40년 산 테디베어

완성사이즈 15 x 32cm
이미지 Page 094

입

머리

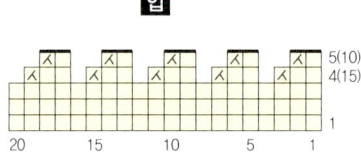

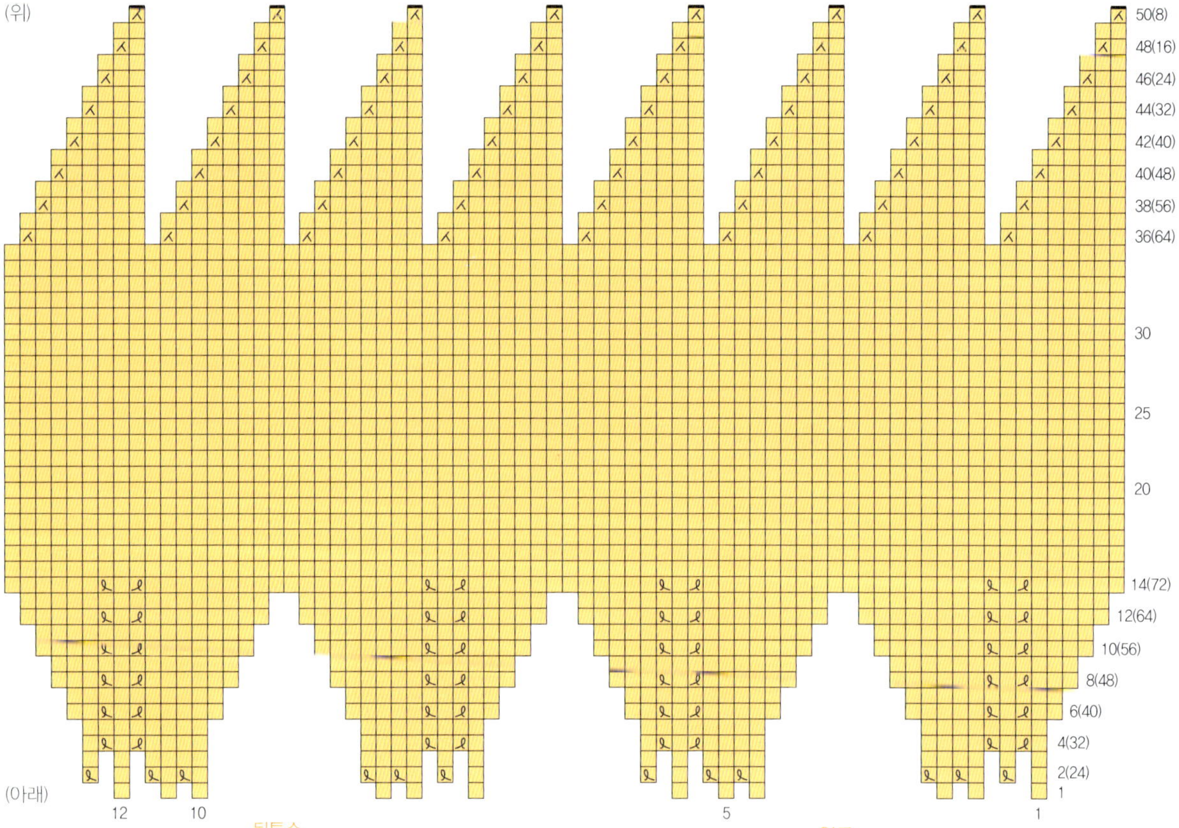

몸통

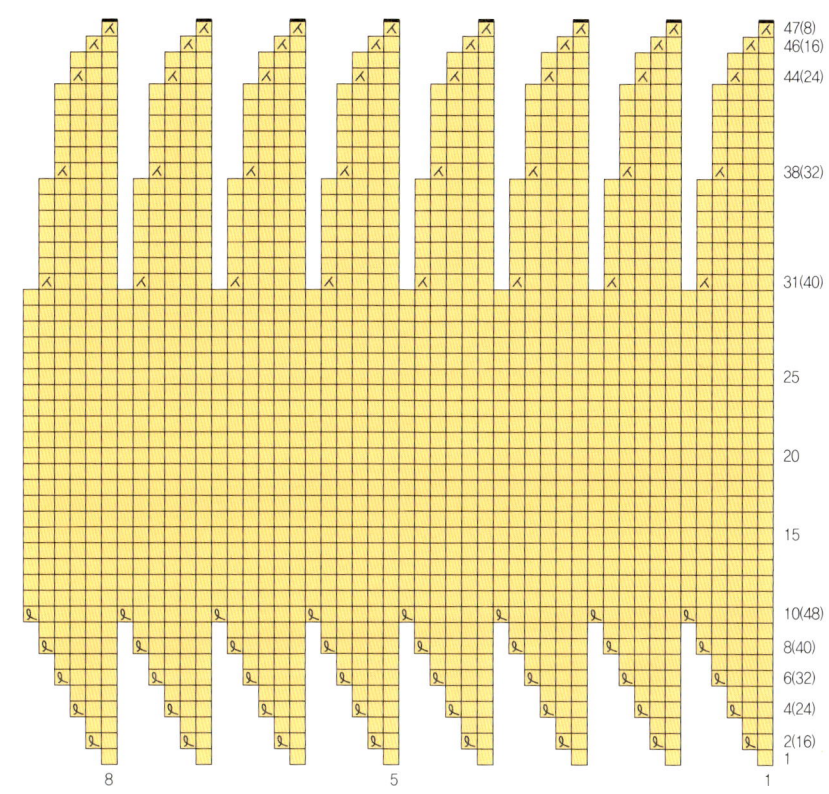

귀 X 2
(평뜨기)

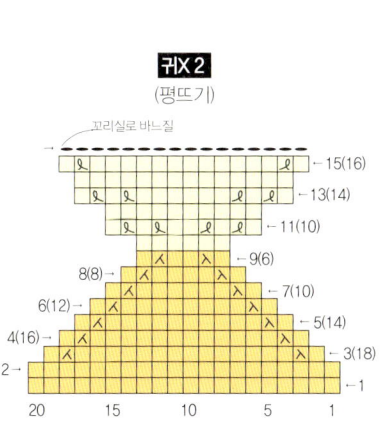

다리 X 2

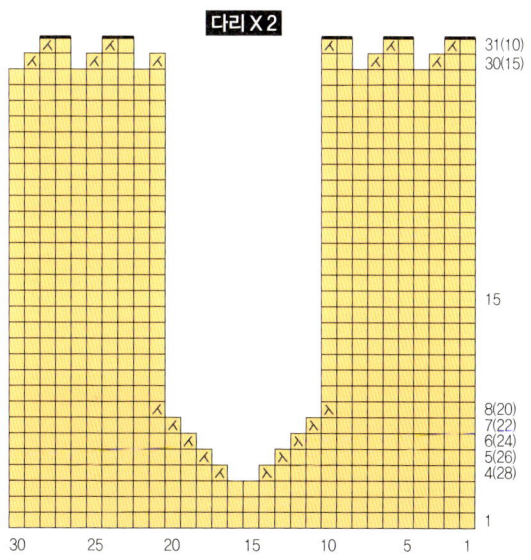

141

발바닥X 2
(평뜨기)

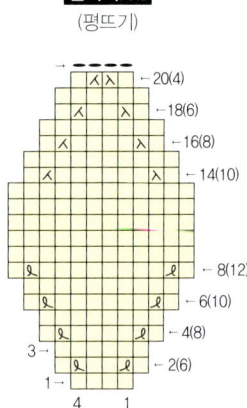

팔 X 2

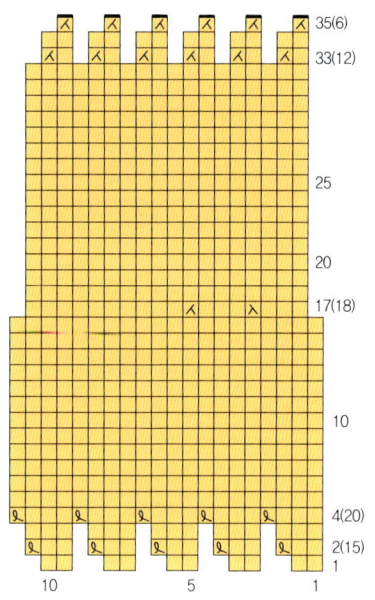

재료

실 머리, 몸통, 팔, 다리, 귀 바깥쪽 – Lang_Nova 39번 + Lang_Lusso 39번(각 180m, 1타래)
　　입, 발바닥, 귀 안쪽 – Hamanaka_Sonomono 71번
도구 양끝이 뾰족한 4mm 장갑용 대바늘 다섯 개, 솜, 돗바늘, 단코표시링, 똑딱이 단추, 자수실 약간, 비즈

뜨는방법

1 머리와 몸통은 도안대로 원형뜨기하고 솜을 적당히 채운다. 돗바늘로 위아래를 막는다(Page 045 참조). 바느질을 위해 몸통 윗부분의 꼬리실을 여유있게 남긴다.
2 양팔은 도안대로 원형뜨기하고 솜을 적당히 채운다. 돗바늘로 위아래를 막는다. 바느질을 위해 양쪽 팔의 윗부분 꼬리실은 여유있게 남긴다.
3 양다리는 도안대로 원형뜨기하고 윗부분은 돗바늘로 막는다. 바느질을 위해 양쪽 다리의 꼬리실을 여유있게 남긴다.
4 발바닥 두 개는 도안대로 평뜨기하고 코막음 한다. 바느질을 위해 꼬리실은 여유있게 남긴다.
5 다리에 솜을 적당히 채운 후 발바닥을 바느질로 붙인다. 발과 발바닥이 세로로 맞아떨어지도록 방향에 유의한다. tip 발등의 코줄임한 부분은 솜을 넣으면 벌어질 수도 있다. 그럴 때는 돗바늘로 벌어진 부분을 살짝 꿰매어 고정시킨다.
6 귀 두 개는 도안대로 평뜨기하고 코막음 한다. 바느질을 위해 꼬리실은 여유있게 남긴다. 귀를 반으로 접고(반달 모양) 귀 안쪽 부위에 사용한 실로 고정시킨다. 솜은 넣지 않는다.
7 입을 도안대로 원형뜨기하고 윗부분은 돗바늘로 막는다. 솜을 적당히 채워넣는다. tip 입을 머리에 바느질할 때를 대비하여 처음 코를 만들때 꼬리실을 여유있게 남긴다.
8 머리에 귀 두 개와 입을 핀으로 고정한 뒤 바느질한다. 머리와 몸통을 원형으로 튼튼하게 바느질로 연결한다.
9 팔과 다리가 자유롭게 움직이도록 똑딱이 단추를 알맞은 위치에 단다.
10 자수실로 눈, 코, 입을 수놓는다(Page 052 참조). 기호에 따라서 비즈로 눈을 표현해도 좋다.

C 40년 산 버니

완성사이즈 16 x 34cm
이미지 Page 096

머리

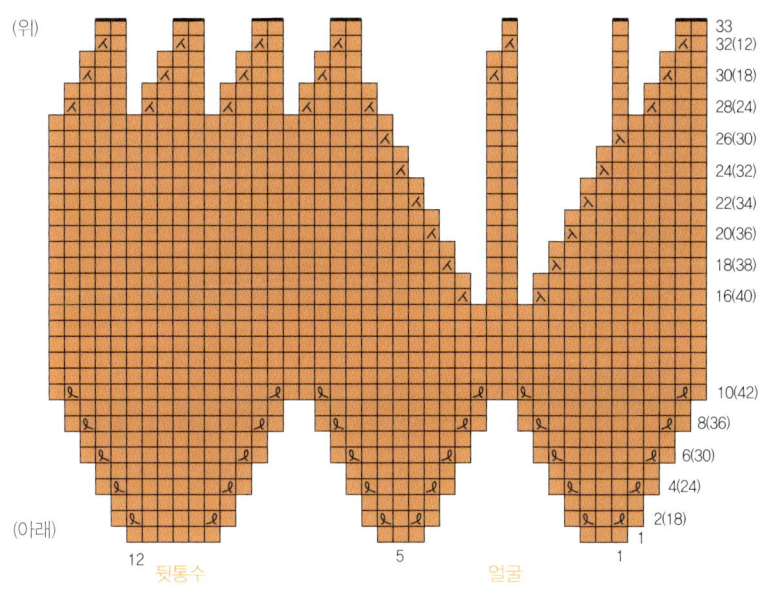

귀 X 2

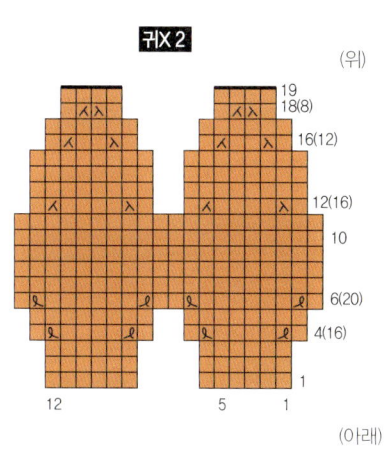

오른쪽 다리

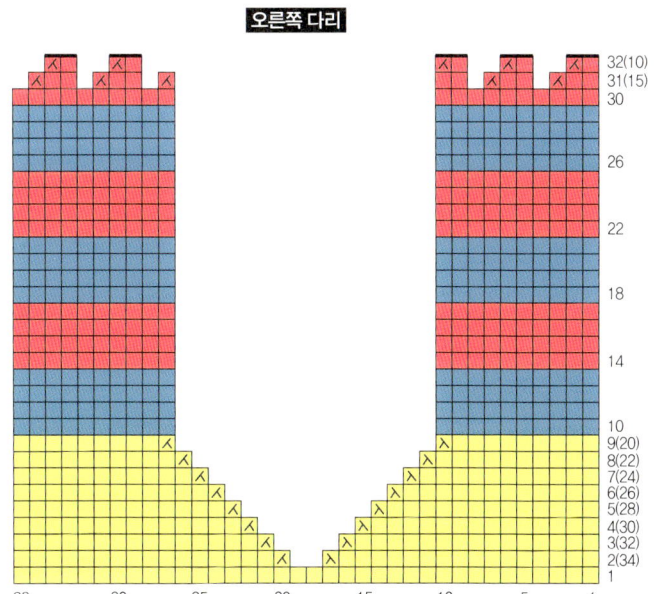

눈무늬
(평뜨기)

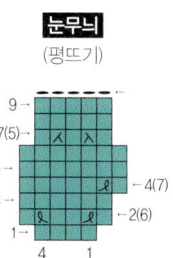

143

몸통

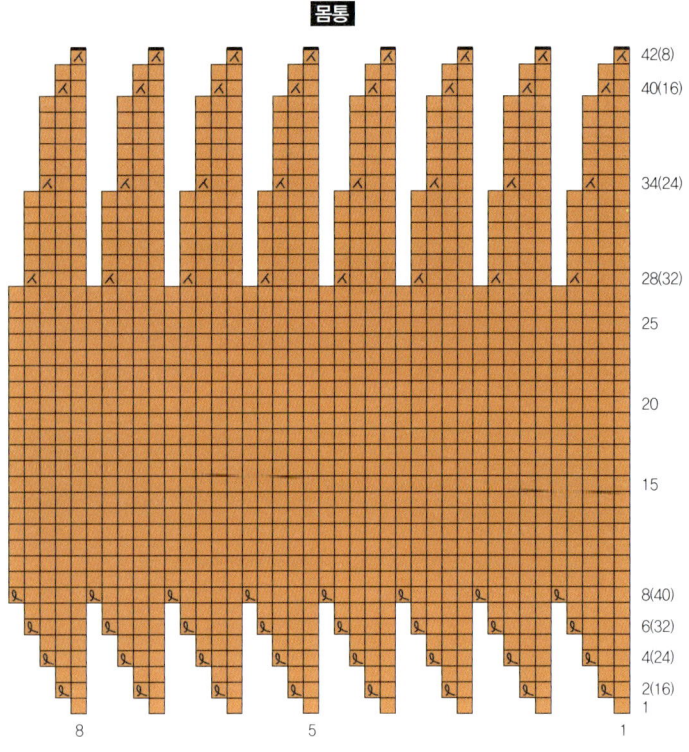

오른쪽 발바닥
(평뜨기)

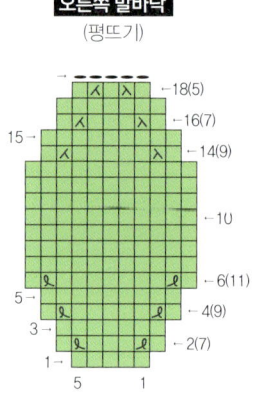

왼쪽 다리

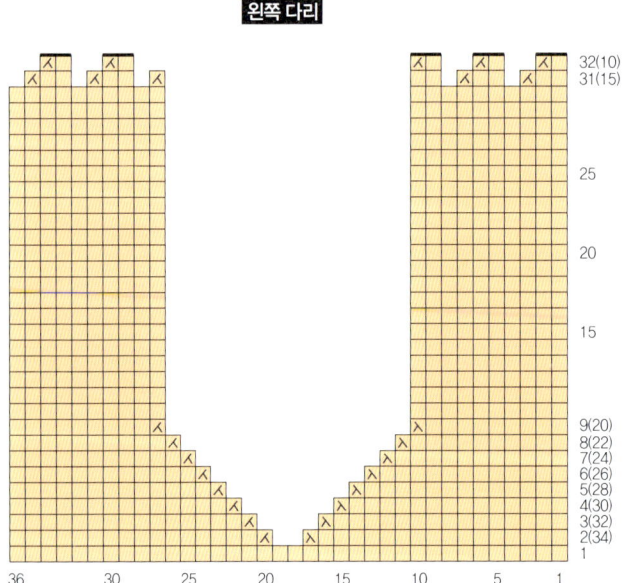

왼쪽 발바닥
(평뜨기)

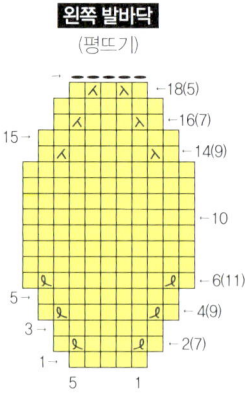

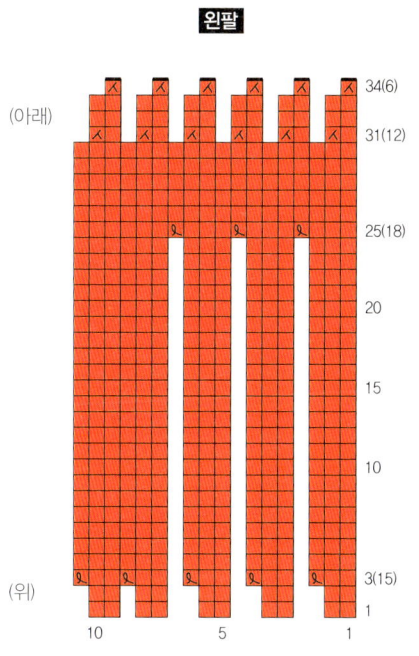
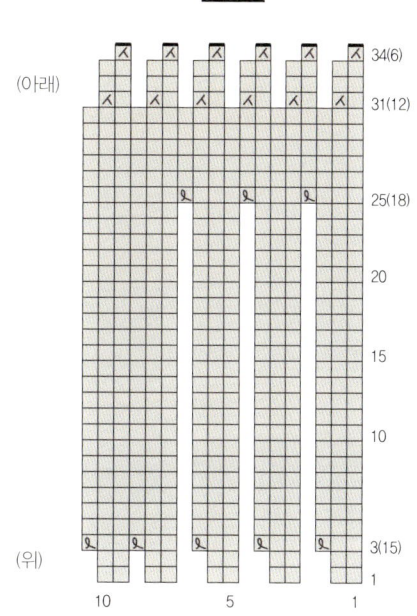

재료

실 머리, 몸통, 귀 – KPC Glencoul DK_Caramel(116m, 3/4타래)
  오른팔 – Lang_Italian Tweed 3번
  왼팔 – KPC Glencoul DK_Orange Peel
  오른다리 – KPC Glencoul DK_Lagoon, Cayenne, Pear Drop
  왼다리 – KPC Glencoul DK_Wicker
  오른발바닥 – Hamanaka_Nenne 9번
  왼발바닥 – KPC Glencoul DK_Pear Drop
  눈 무늬 – KPC Glencoul DK_Lagoon

도구 양끝이 뾰족한 4mm 장갑용 대바늘 다섯 개, 코바늘(레이스용 8호), 솜, 돗바늘, 단코표시링, 똑딱이 단추, 자수실 약간

뜨는 방법

1 머리와 몸통을 원형뜨기로 도안대로 뜨고, 솜을 적당히 채운다. 돗바늘로 위아래를 막는다(Page 045 참조). 바느질을 위해 몸통 윗부분의 꼬리실을 여유있게 남긴다.

2 양팔은 도안대로 원형뜨기하고 솜을 적당히 채운다. 돗바늘로 위아래를 막는다. 바느질을 위해 양쪽 팔의 윗부분의 꼬리실을 여유있게 남긴다.

3 양다리는 도안대로 원형뜨기하고 윗부분은 돗바늘로 막는다. 바느질을 위해 양쪽 다리의 꼬리실을 여유있게 남긴다.

4 발바닥 두 개는 도안대로 평뜨기하고 코막음 한다. 바느질을 위해 꼬리실은 여유있게 남긴다.

5 발에 솜을 적당히 채운 후 발바닥을 바느질하여 붙여준다. 발과 발바닥이 세로로 맞아떨어지도록 방향에 유의한다. **tip** 발등의 코줄임한 부분은 솜을 넣으면 벌어질 수도 있다. 그럴 때는 돗바늘로 벌어진 부분을 살짝 꿰매어 고정시킨다.

6 귀 두 개는 도안대로 원형뜨기하고 윗부분은 돗바늘로 막는다. 솜은 넣지 않는다. **tip** 귀를 머리에 바느질할 때를 대비하여 시작 코를 만들 때 꼬리실을 여유있게 남긴다.

7 눈 무늬는 도안대로 평뜨기하고 코막음을 한다. 얼굴의 알맞은 위치에 바느질한다. **point** 눈무늬는 안뜨기로 시작한다.

8 머리에 귀 두 개를 핀으로 고정한 뒤 바느질한다. 머리와 몸통을 원형으로 튼튼하게 바느질로 연결한다.

9 팔과 다리가 자유롭게 움직이도록 똑딱이 단추를 달아준다.

10 눈은 코바늘 뜨기로 한 개 만들어 붙인다. 코, 입은 자수실로 수놓는다(Page 036~037, 061 참조). 기호에 따라 비즈로 눈을 표현해도 좋다.

D 테리어 승후

완성사이즈 15 x 38cm
이미지 Page 102

뜨는 순서 머리→목→어깨→몸통→오른쪽 다리→발1→왼쪽 다리→발2→왼팔→오른팔→귀 두 개

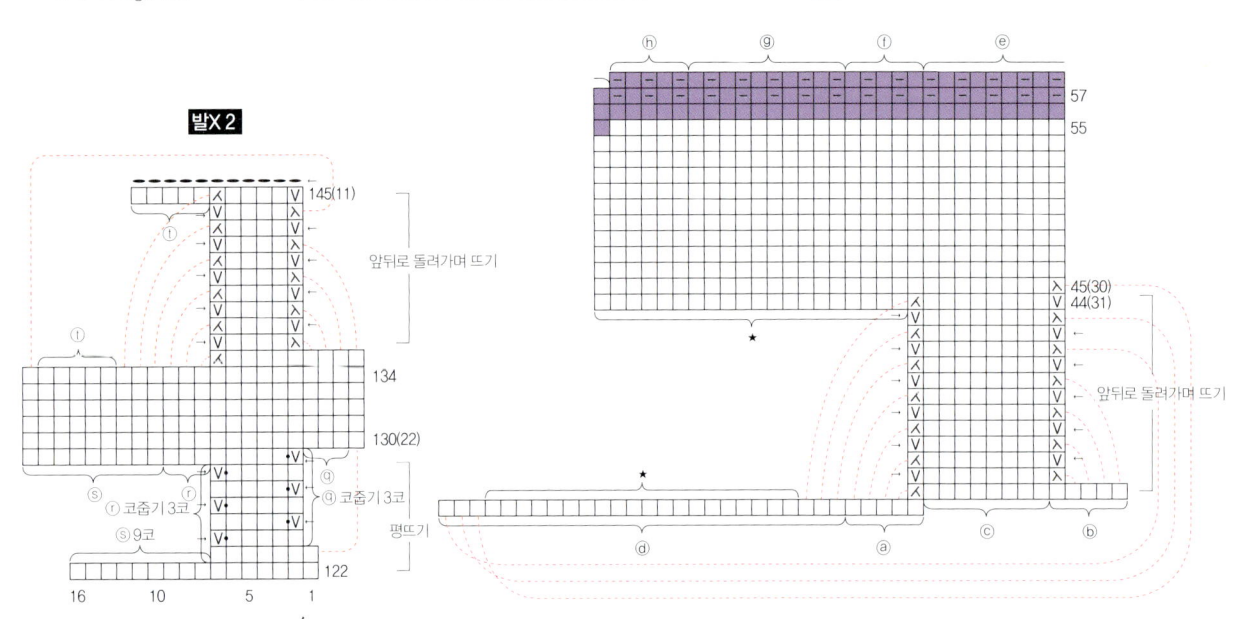

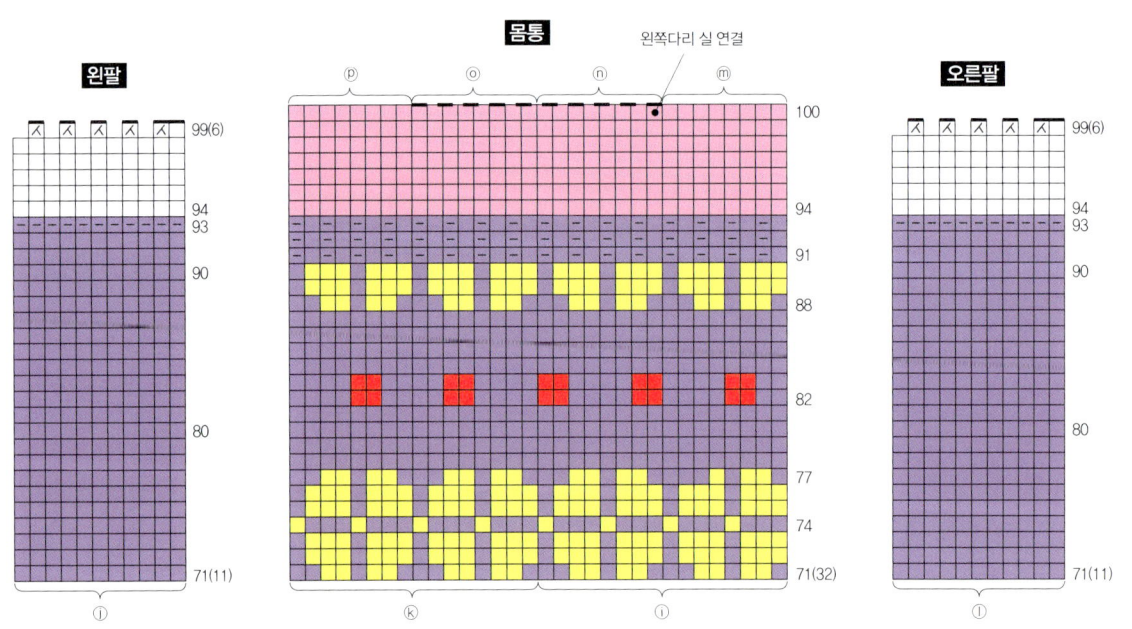

어깨

귀X 2

(평뜨기)

머리

왼쪽 다리

오른쪽 다리

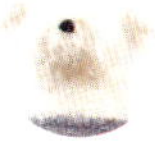

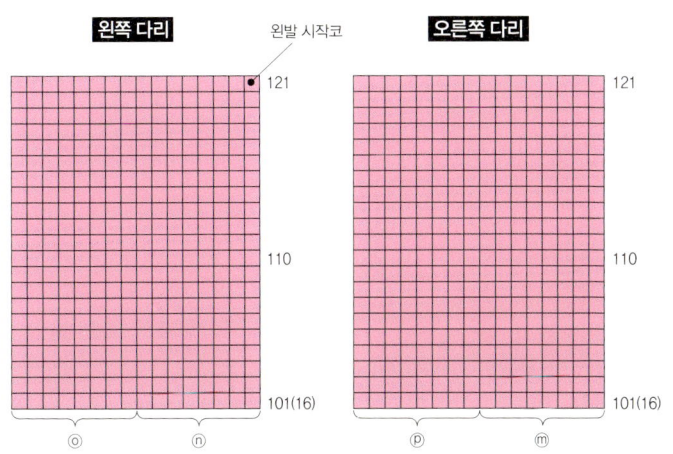

재료

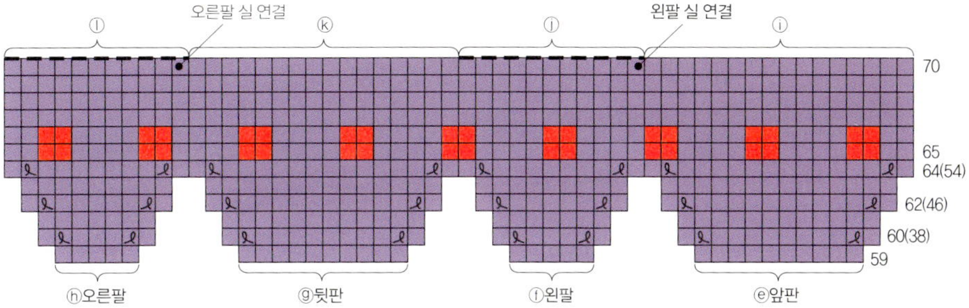

실 머리, 귀, 손, 발 – Richmore_ELK 57번(54m, 2/3타래)

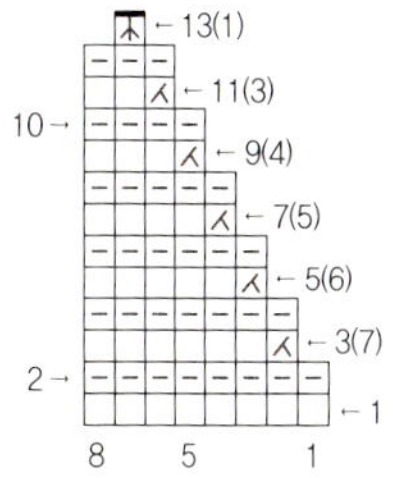

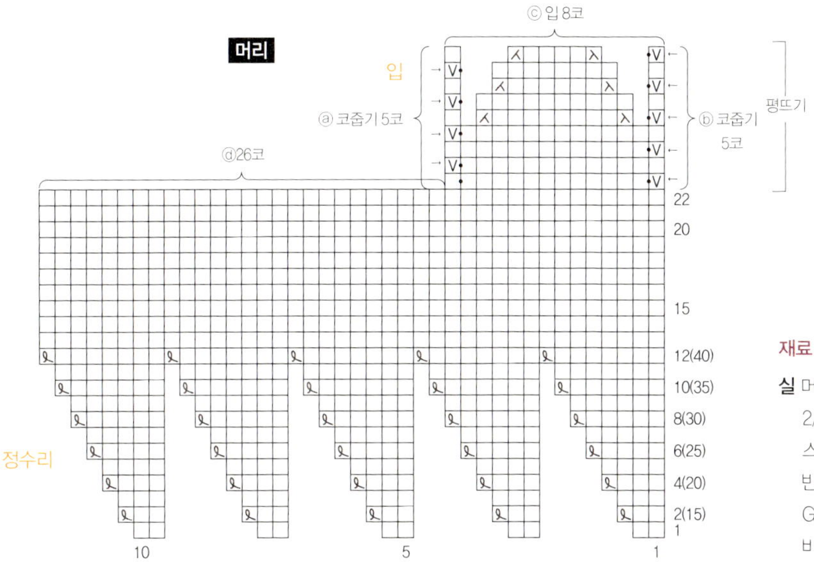

스웨터 – 바탕 : Lang_Carpe Diem 7번(90m, 반타래), 무늬 : Hamanaka_Nenne 4번, KPC Glencoul DK_Vermillion

바지 – Lang_Merino120 348번(130m, 1/3타래)

도구 양끝이 뾰족한 4mm 장갑용 대바늘 다섯 개, 솜, 코바늘(모사용 3호), 돗바늘, 단코표시링, 자수실 약간, 단추 두 개

뜨는방법

1 과정 사진을 보며 도안대로 만든다(Page 054~061 참조).

2 스웨터는 실 색상을 바꿔가며 뜨는 배색뜨기한다. 배색뜨기가 힘들면 뜨개자수로 표현한다.

3 눈은 까만 단추로 표현한다.

4 수염을 심는다(Page 053 참조).

D 웰시코기 윌슨

완성사이즈 15 x 33cm
이미지 Page 104

뜨는 순서 머리→목→어깨→몸통→오른쪽 다리→발1→왼쪽 다리→발2→왼팔→오른팔→귀 두 개

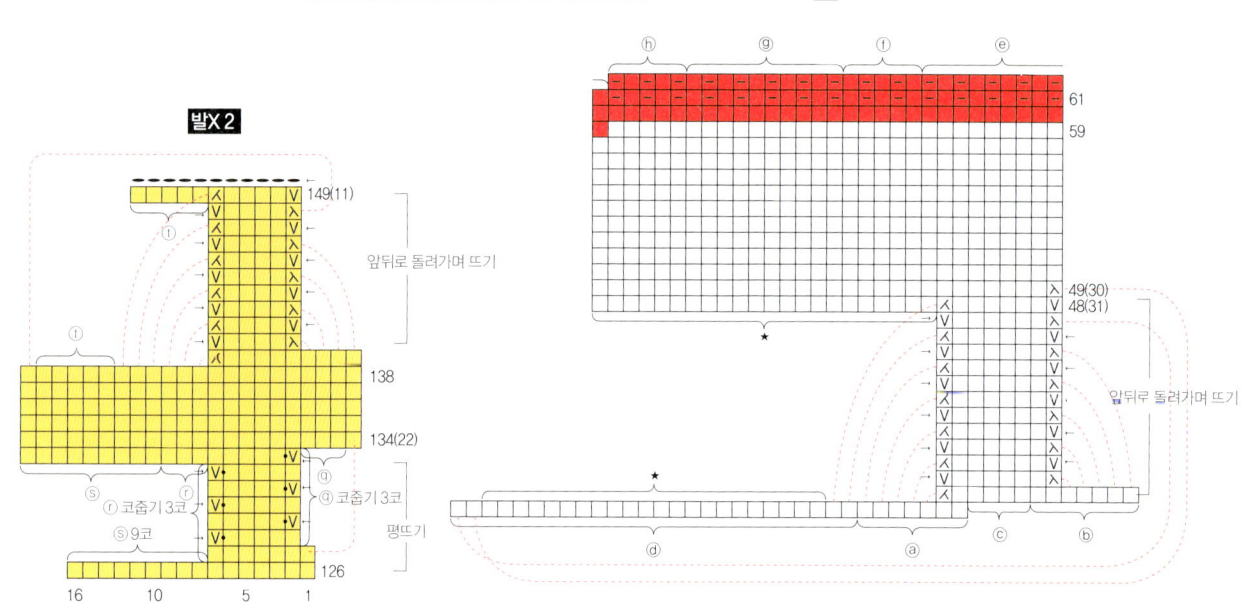

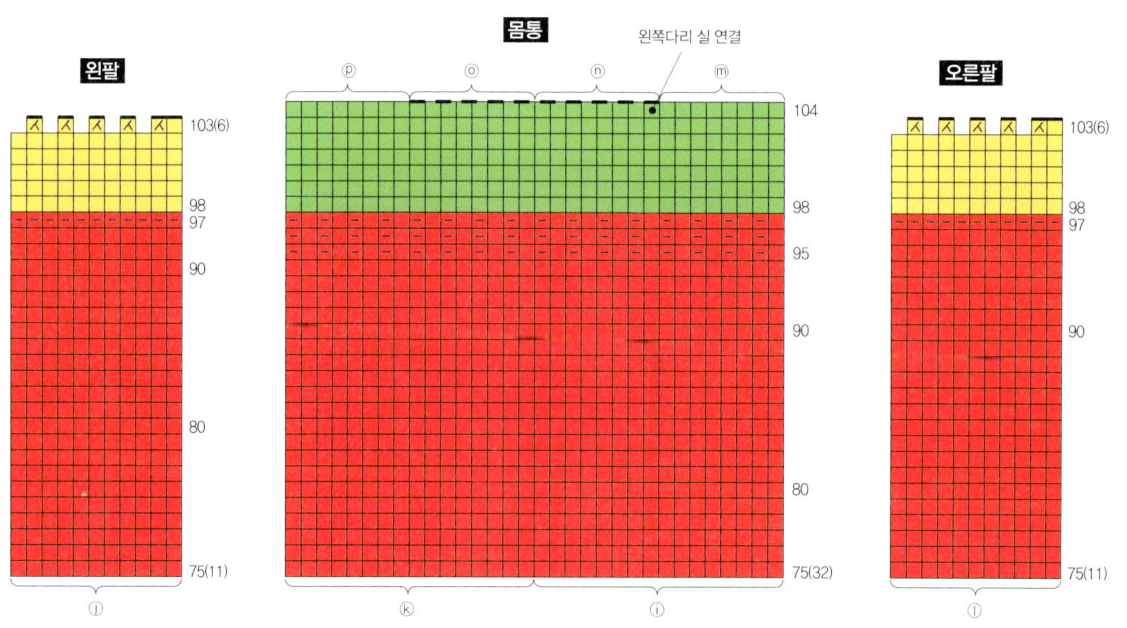

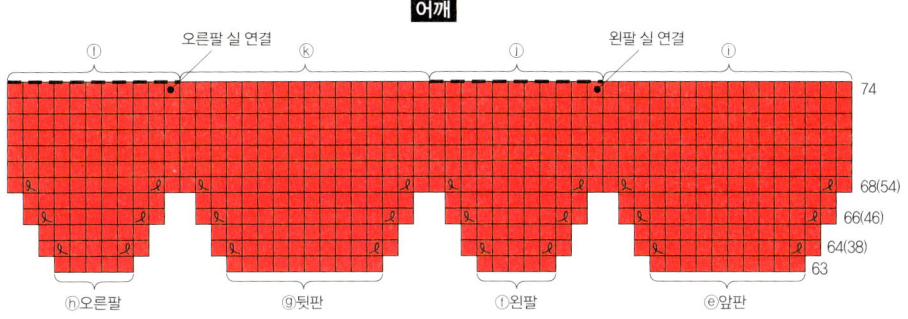

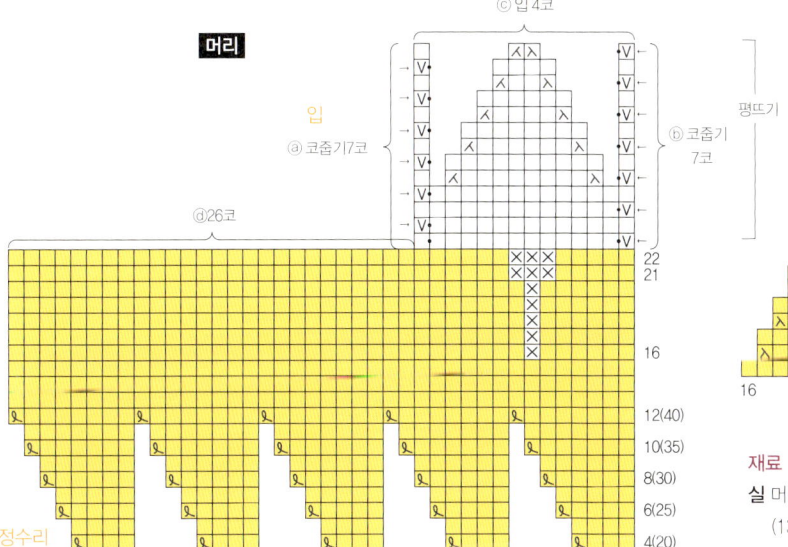

재료

실 머리, 귀, 손, 발 – Lang_Merino120 311번 (130m, 1/4타래)
주둥이, 목 – Lang_Nova 2
스웨터 – KPC Glencoul DK_Vermillion(116m, 1/3타래)
바지 – Hamanaka_Nenne 9번(150m, 1/3타래 두 줄 잡고 떴을 경우)

도구 양끝이 뾰족한 4mm 장갑용 대바늘 다섯 개, 솜, 돗바늘, 코바늘(레이스용 8호, 모사용 3호), 단코표시링, 자수실 약간

뜨는방법

1 과정 사진을 보며 도안대로 만든다(Page 054~061 참조).
2 눈 사이의 무늬는 뜨개자수로 표현한다.
3 코 주변에 주근깨를 수놓는다.

149

⬢ D 닥스훈트 머랭이

완성사이즈 15 x 34cm
이미지 Page 106

뜨는 순서 머리→목→어깨→몸통→오른쪽 다리→발1→왼쪽 다리→발2→왼팔→오른팔→귀 두 개

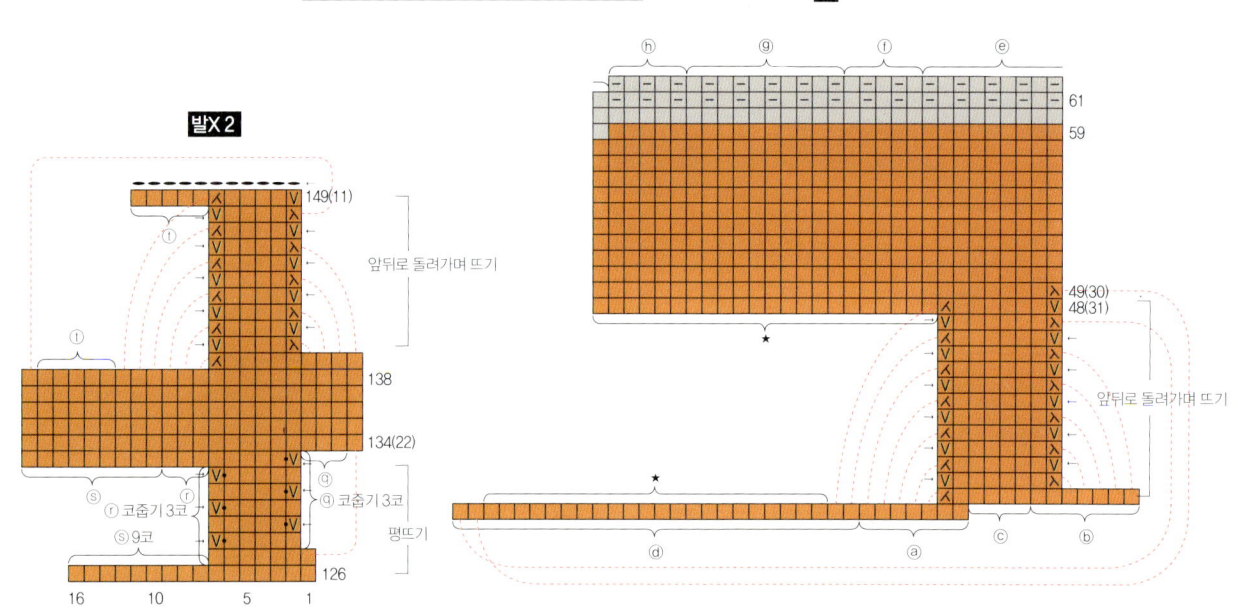

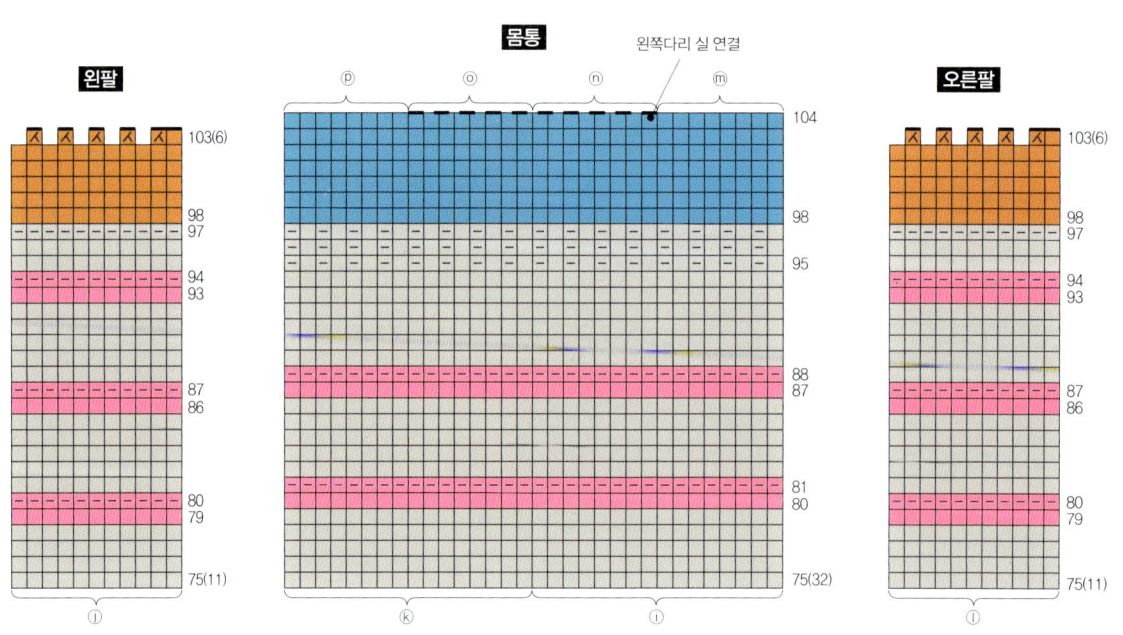

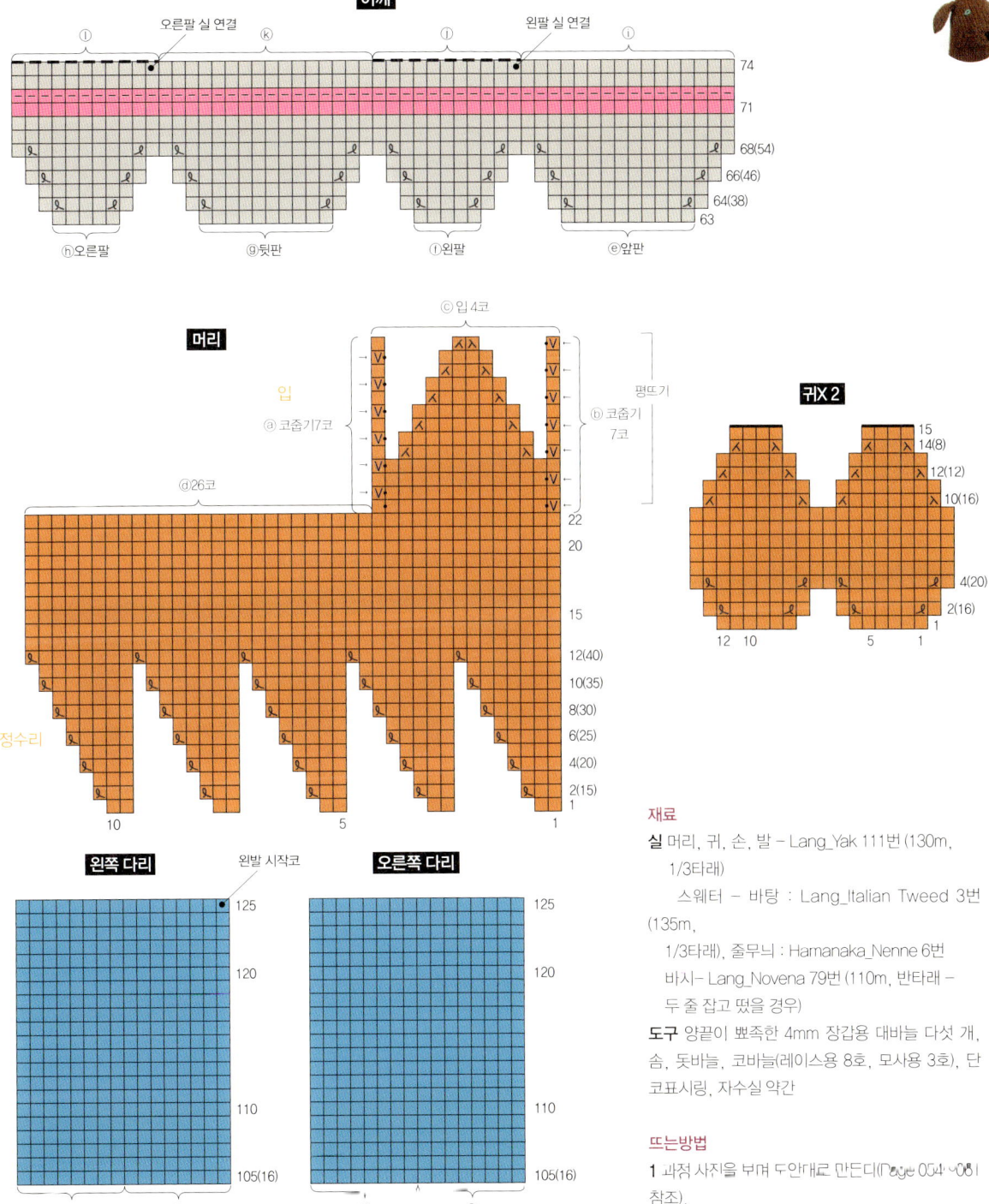

D 진돗개 나무

완성사이즈 15 x 35cm
이미지 Page 108

뜨는 순서 머리→목→어깨→몸통→오른쪽 다리→발1→왼쪽 다리→발2→왼팔→오른팔→귀 두 개

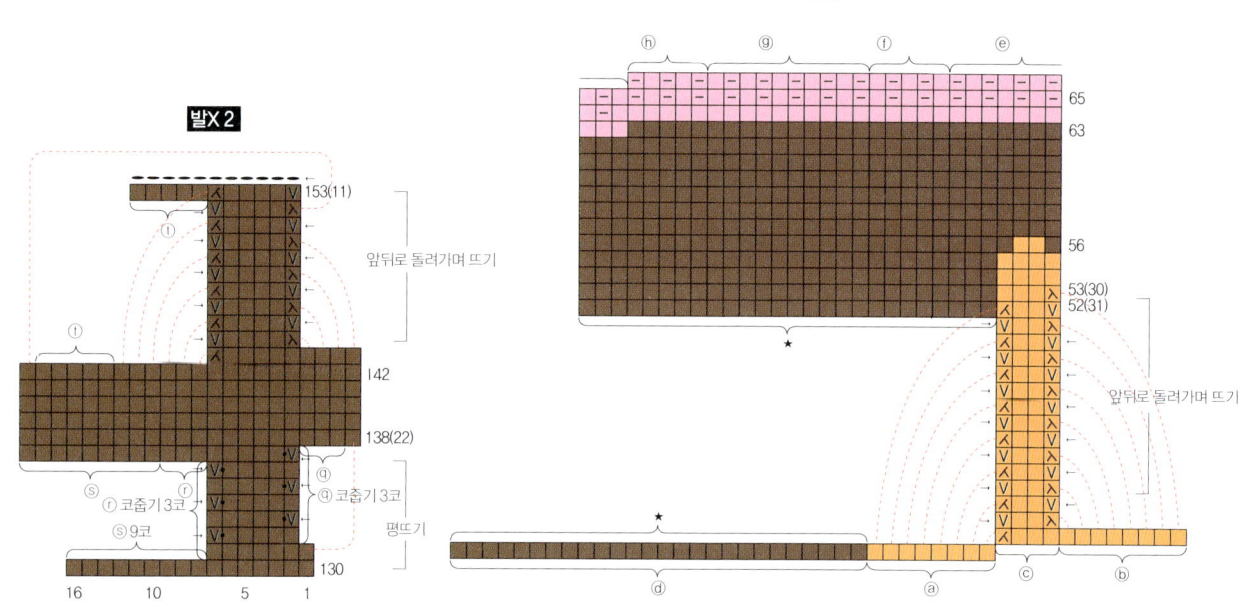

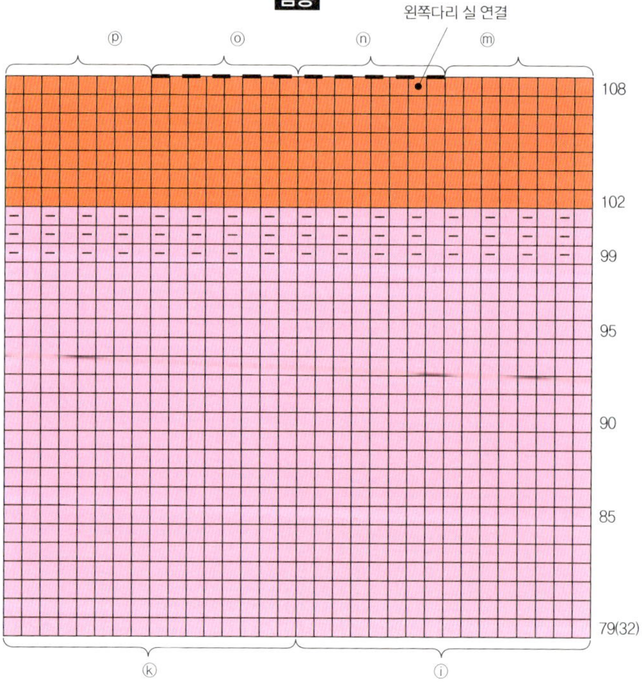

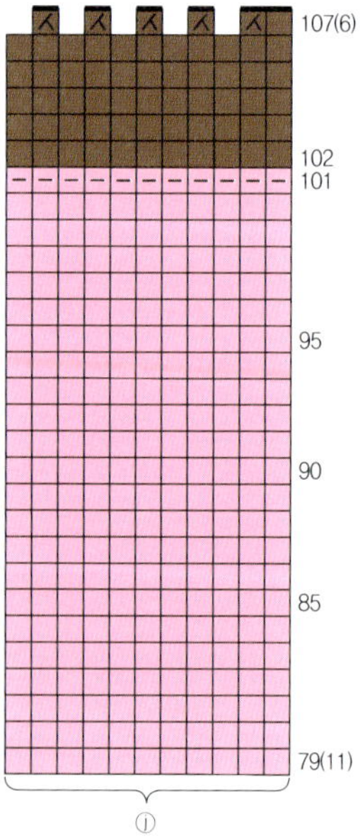

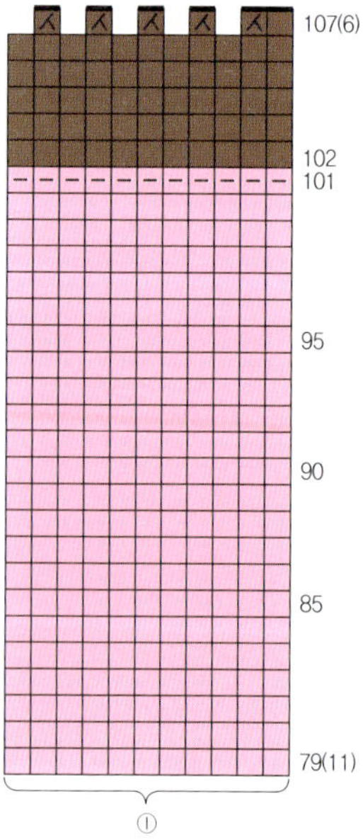

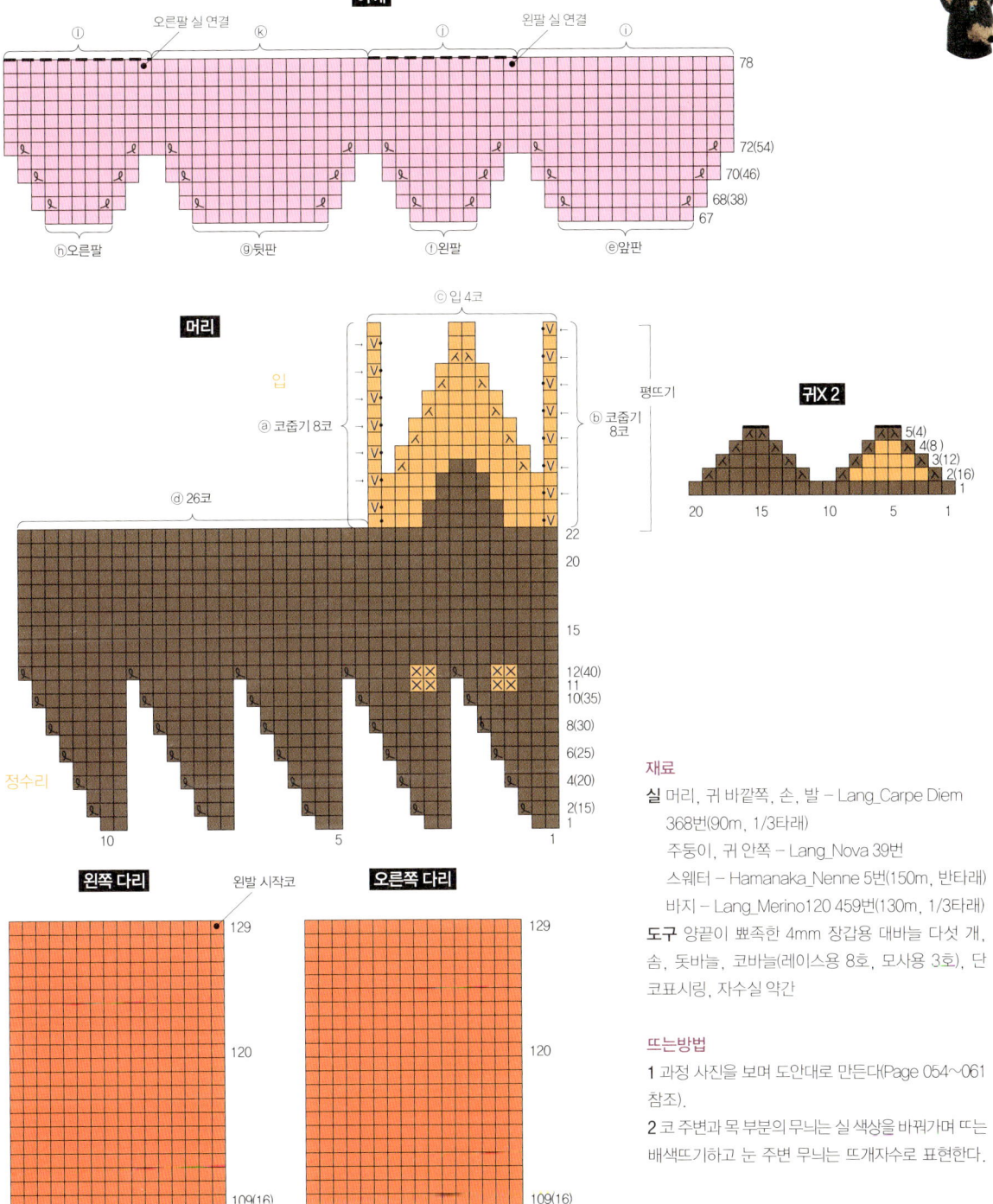

⬡ D 푸들 미니

완성사이즈 15 x 38cm
이미지 Page 110

뜨는 순서 머리→목→어깨→몸통→오른쪽 다리→발1→왼쪽 다리→발2→왼팔→오른팔→귀 두 개

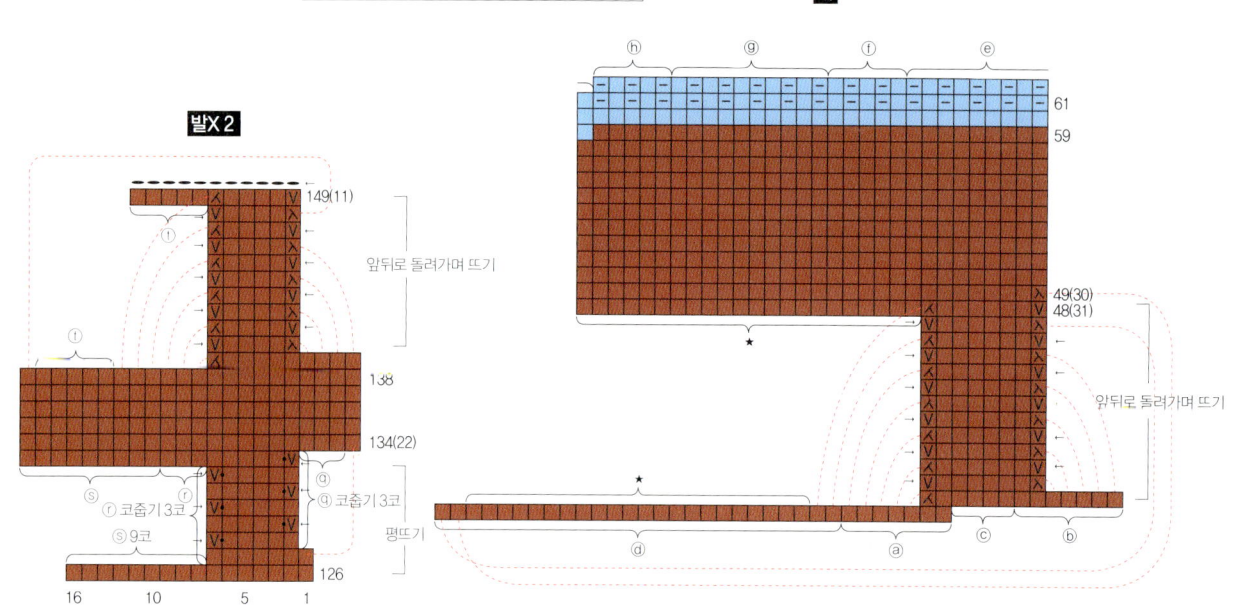

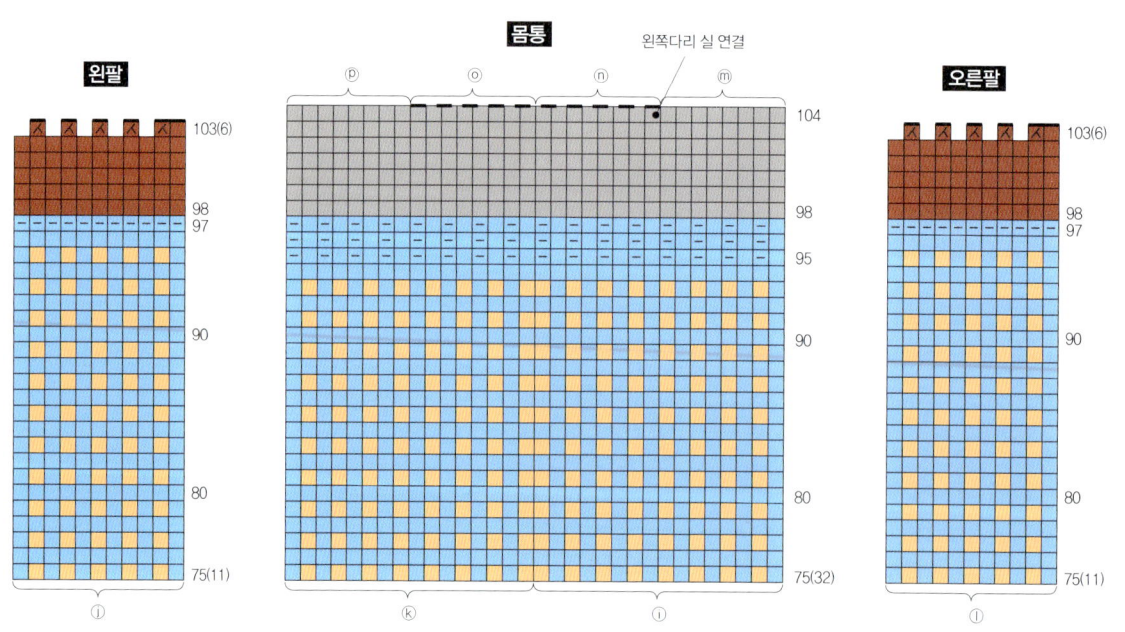

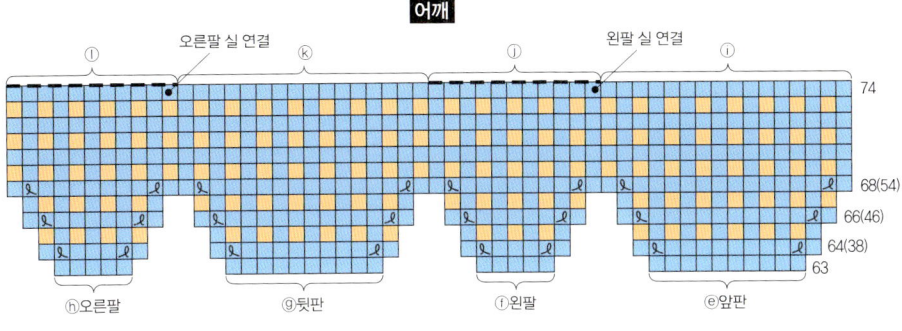

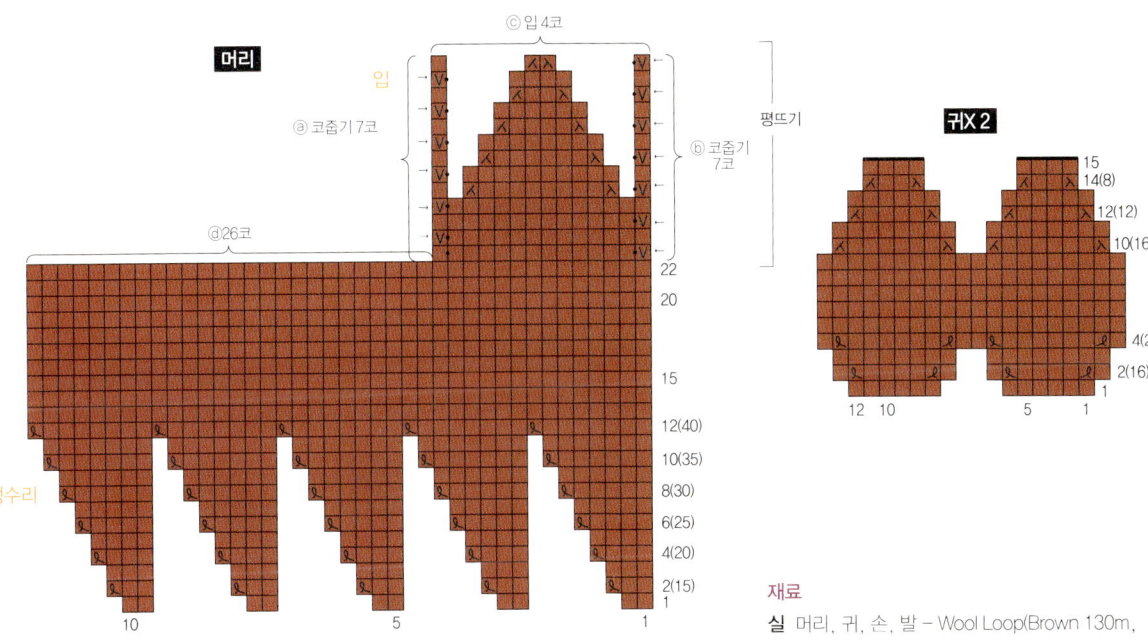

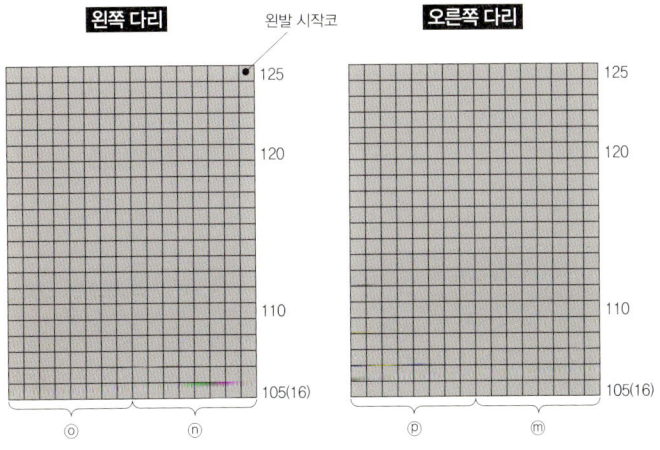

재료

실 머리, 귀, 손, 발 – Wool Loop(Brown 130m, 1/3타래)

스웨터 – 바탕 : Lang_Origami 21번(100m, 1/2타래), 무늬 – Lang_Baby Cotton 28번

바지 – Lang_Baby Cotton 3번(180m, 1/3타래 – 두 줄 잡고 떴을 경우)

도구 양끝이 뾰족한 4mm 장갑용 대바늘 다섯 개, 솜, 돗바늘, 코바늘(모사용 3호), 단코표시링, 자수실 약간, 단추 두 개

뜨는방법

1 과정 사진을 보며 도안대로 만든다(Page 054~061 참조).

2 스웨터는 실 컬러를 바꿔가며 뜨는 배색뜨기한다.

3 눈은 까만 단추로 표현한다.

끝으로 이 책이 나오기까지 늘 힘이 되어준 가족들과 친구들, 물심양면으로 도와주신 이웃들, 응원해주신 포코그란데 수강생분들, 함께 만들어주신 버튼티 출판사에게 감사하다는 말 전하고 싶어요. :)